スイスイ うかる

販売士
（リテールマーケティング）

1級 問題集 part 3

TAC販売士研究会

TAC出版
TAC PUBLISHING Group

は じ め に

　近年，流通業界をとりまく環境は，顧客ニーズの多様化・細分化，IT化の著しい進展などにより大きく変化しています。そのため，販売士検定試験の内容をこうした時代の変化に対応させようと試験の科目体系の抜本的見直しが行われました。この結果，販売士3級は平成18年度，販売士2級は平成19年度，販売士1級は平成20年度から，新しい科目体系にもとづき出題されています。また，平成27年度試験から，「販売士検定試験」は「リテールマーケティング（販売士）検定試験」に呼称変更されました。

　2020年初めから新型コロナウイルスの感染が拡大したことから，2020年7月実施のリテールマーケティング（販売士）検定試験は中止になりました。同試験の実施団体である日本商工会議所は多くの学習者が受験機会を喪失することになったことを重く受け止め，新型コロナウイルス感染症だけでなく，自然災害などの不測の事態に対応するため，2021年7月28日からリテールマーケティング（販売士）検定試験をネット試験方式に切り替えました。

　リテールマーケティング（販売士）検定試験の大きな特徴は，学習教材である『ハンドブック』にもとづき試験問題が作成されていることです。つまり，リテールマーケティング検定試験に出題される問題の大部分は『ハンドブック』に記載されている内容がそのまま出されるか，あるいはそれをベースに問題が作成されています。したがって，『ハンドブック』以外の他の専門書等で受験勉強をしても非常に効率の悪いものとなります。

　ところが，1つ大きな問題が生じます。それは，学習教材である『ハンドブック』は5分冊から成り，これらの合計ページはB5判（本の大きさ）で約595ページもあることと，学習者からすると，そこに書かれている内容をしっかり把握することが難しいということです。

　そこで，こうした読者の悩みを解決するため，『ハンドブック』に準じ，それをコンパクトに凝縮した問題集を発行することにしました。"問題を解き，その解説を読む過程で，重要なこと・ポイントを1つひとつ理解し，覚えていこう"というものです。内容構成も『ハンドブック』に準じているので，全体像を自分なりにイメージできるはずです。

CONTENTS

リテールマーケティング（販売士）検定1級問題集
Part 3〈ストアオペレーション〉

リテールマーケティング
（販売士）検定試験の徹底研究

1 | リテールマーケティング（販売士）検定試験 1 級の概要

1 試験の内容

　従来，販売士検定試験 1 級は筆記試験と面接試験から構成されていましたが，面接試験は平成 25 年度の第 41 回（平成 26 年 2 月 19 日施行）をもって廃止となりました。よって，平成 26 年度の第 42 回（平成 27 年 2 月 18 日施行）からは筆記試験のみが実施されています。

　ところが，2020 年初めから新型コロナウイルスの感染が拡大したことで，2020 年 7 月実施のリテールマーケティング（販売士）検定試験（2 級と 3 級）が中止になりました。このため，同試験の実施団体である日本商工会議所は多くの学習者が受験機会を喪失することになったことを重く受けとめ，新型コロナウイルス感染症だけでなく，自然災害などの不測の事態に対応すべく，2021 年 7 月 28 日からリテールマーケティング（販売士）検定試験（1 級〜3 級）をネット試験に切り替えました。

　従来，リテールマーケティング（販売士）検定試験 1 級は毎年 1 回，2 月にしか受験機会はありませんでしたが，ネット試験の導入により，自分の都合のよい日，都合のよい時間帯に受験可能となりました。

(1) 試験科目

　次の 5 科目です。

　①小売業の類型　　　　　②マーチャンダイジング
　③ストアオペレーション　④マーケティング
　⑤販売・経営管理

(2) 出題形式

　各科目とも，択一式穴埋問題　小問 10 問
　　　　　　　　記述式穴埋問題　小問 10 問
　よって，5 科目合計で小問が 100 問出題されます。
　※「記述式穴埋問題」は，問題文中の空欄に，最も適当な語句・短文を入力する形式です。

(3)試験時間

休憩なしで 90 分。

① 小売業の類型
② マーチャンダイジング
③ ストアオペレーション　〉90分
④ マーケティング
⑤ 販売・経営管理

(4)科目合格について

　1級試験の場合，不合格になっても 70 点以上取得した科目は「科目合格」が適用されます。有効期限は，科目合格をした受験日の属する年度の翌年度末までです。

(例) 2022 年 11 月に受験し，「ストアオペレーション」科目を科目合格した場合，2024 年 3 月末まで科目合格が適用されます。なぜなら，2022 年 11 月に受験したので，受験した年度は 2022 年度となります。有効期限は，受験した日の属する年度の翌年度末なので，2022 年度の翌年度は 2023 年度となり，その年度末は 2024 年 3 月末となります。2023 年度とは，2023 年 4 月初めから 2024 年 3 月末までのことです。

※試験申込時に，合格済みの科目のみ科目別合格証明書またはスコアボードの画像を必要数すべてマイページから登録すること。

　なお，科目合格者の試験時間は，5 科目受験者と同様に 90 分です。ただ，試験終了時間前にやめることは可能で，その時は終了ボタンと印刷ボタンを押します。

(5)合格基準

　各科目 70 点以上であること。つまり，合格するためには，5 科目すべての得点がそれぞれ 70 点以上必要です。

2 受験の手引き

(1)受験資格

　学歴，年齢，性別，国籍等による制限はありません。

(2) 試験の方法

試験会場のパソコンを使用し，インターネットを介して試験が実施されます。

(3) 試験申込・試験日時

各試験会場が定める試験日時と受験者の都合を調整して，決めることになっています。

① インターネット申込方式

以下の株式会社 CBT-Solutions のリテールマーケティング（販売士）検定試験申込専用ページから，受験会場を選び，空いている日時で試験を予約できます。

これまでの統一試験日（1級は年1回）での実施と異なり，随時受験が可能です。（試験日の変更，領収書の発行については，株式会社 CBT-Solutions に相談ください）

https://cbt-s.com/examinee/examination/jcci_retailsales

② 会場問い合わせ方式

以下の商工会議所検定ホームページ内の「商工会議所ネット試験施行機関」検索ページから，試験会場を選択し，各試験会場へ直接申込んでください。

https://links.kentei.ne.jp/organization

(4) インターネット申込方式の手順

随時，受験が可能です。その手順は次の通りです。なお，スマートフォンからの申込みは可能です（ガラパゴスケータイは不可）。

① 株式会社 CBT-Solutions のリテールマーケティング（販売士）検定試験申込専用ページ（https://cbt-s.com/examinee/examination/jcci_retailsales）にアクセスします。

② ユーザ ID とパスワードを取得し，受験者登録を行います。これにより，マイページ（受験者専用ページ）が作成できます。

③ ログインし，希望の試験（1級，2級，3級）を選択します。試験会場を選び，空いている日時で試験を予約します。

なお，受験日・会場の変更・キャンセルはマイページから受験日の3日前（例・受験日が21日の場合は18日）まで可能です。

(5) 受験料

1 級 − 7,850 円（税込）

※上記の受験料の他に，別途，事務手数料として，受験者1名あたり550円（税込）がかかります。

(6) 試験当日の持ち物

・本人確認証　　・電卓

※持ち込み可能な電卓は計算機能（四則演算）のみのものに限ります。

3 試験の実施状況

下表に示されるように，統一試験は2021年2月でもって終了し，2021年7月28日以降は，ネット試験が実施されています。

〔統一試験〕

回	受験者数	実受験者数	合格者数	合格率
85回（2020・2・19）	1,133 名	909 名	194 名	21.3 %
87回（2021・2・17）	836 名	695 名	174 名	25.0 %

〔ネット試験〕

期　　間	受験者数	実受験者数	合格者数	合格率
2021・7・28〜2022・3・31	844名	795名	137名	17.2%
2022・4・1〜2022・12・31	764名	707名	149名	21.1%

2 ネット試験の概要

1 択一式穴埋問題の出題形式

　下に示されてあるように，「次の各問の〔　　〕の部分にあてはまる最も適当なものを選択肢から選びなさい」というものです。そして，〔　　〕にあてはまるものが，たとえば「変動作業運用チェック」と思ったら，その左側にある。の穴をマウスでクリックします。すると，穴が黒くなります。

　次の各問の〔　　〕の部分にあてはまる最も適当なものを選択肢から選びなさい。

　〔　　〕とは，変動作業である商品補充（品出し）作業を店舗全体から割り出した基準と各店舗とを比較して，店舗別に基準達成率を算出したものである。これにより，どの店舗が基準を上回っているか，あるいは下回っているかが判明する。

- ∘　変動作業運用チェック
- ∘　MHC 進捗状況店別比較
- ∘　店舗別作業基準比較
- ∘　店舗別作業構成比較

∘解答状況　　∘再考する　　∘前の問題へ　　∘次の問題へ

解答が終了すると，最下段に「。解答状況」「。再考する」「。前の問題へ」「。次の問題へ」という4つのボタンが並んでいるので，これらのうちどれかを選んで，。の穴をマウスでクリックします。

　「。次の問題へ」のボタンを押すと，下のような問題がパソコン画面に出ます。ネット試験では合計100問出題されますが，下に示されてあるように，パソコン上の1画面には問題1問だけが掲載されています。

```
┌─────────────────────────────┐
│ 問題1問でパソコン画面が1画面 │
└─────────────────────────────┘
```

↓　　　　　↓

┌──┐
│   │
│　　次の各問の〔　　〕の部分にあてはまる最も適当なものを選択肢から│
│　選びなさい。   │
│   │
│　　鮮魚を作業工程別に整理すると，タイプA～タイプGの7つに分│
│　けられる。これらのうち，タイプEは，二枚または三枚におろされて│
│　パック化された商品で，一般に〔　　〕と呼ばれるものである。│
│   │
│　○　丸　物   │
│　○　フィーレ   │
│　○　ブロック   │
│　○　トリミング   │
│   │
│   │
│○解答状況　　○再考する　　○前の問題へ　　○次の問題へ│
│   │
└──┘

解答が終了すると，最下段に「。解答状況」「。再考する」「。前の問題へ」「。次の問題へ」という4つのボタンが並んでいるので，これらのうちどれかを選んで，。の穴をマウスでクリックします。

　「。次の問題へ」のボタンを押すと，下のような問題がパソコン画面に出ます。ネット試験では合計100問出題されますが，下に示されてあるように，パソコン上の1画面には問題1問だけが掲載されています。

問題1問でパソコン画面が1画面

↓　　　　　↓

　　次の各問の〔　　〕の部分にあてはまる最も適当なものを選択肢から選びなさい。

　　鮮魚を作業工程別に整理すると，タイプA～タイプGの7つに分けられる。これらのうち，タイプEは，二枚または三枚におろされてパック化された商品で，一般に〔　　〕と呼ばれるものである。

○　丸　物
○　フィーレ
○　ブロック
○　トリミング

○解答状況　　○再考する　　○前の問題へ　　○次の問題へ

画面の最下段にある「。解答状況」を押すと，5科目すべての解答状況（解答状況一覧）を示す画面に切り替わります。

　下の「マーチャンダイジング」と「ストアオペレーション」はその一部を示したものです。「解答状況」は「解答済」「未解答」「再考」「解答中」の4つに分けられ，それらが色分けして表記されています。たとえば，「解答済」は青，「未解答」は赤，「再考」は黄，「解答中」は黒というように。

〔マーチャンダイジング〕

1	2	3	4	5	6	7	8	9	10
青	青	青	青	赤	黄	青	青	青	青

青→解答済
赤→未解答

11	12	13	14	15	16	17	18	19	20
青	青	黄	青	青	青	青	赤	青	青

黄→再考
黒→解答中

〔ストアオペレーション〕

1	2	3	4	5	6	7	8	9	10
青	青	赤	青	青	青	黒	赤	赤	赤

青→解答済
赤→未解答

11	12	13	14	15	16	17	18	19	20
赤	赤	赤	赤	赤	赤	赤	赤	赤	赤

黄→再考
黒→解答中

　なお，たとえば，ストアオペレーションの7番を解いていて，マーチャンダイジングの5番を解いてみたいと思ったら，「解答状況」の穴をクリックし，「解答状況一覧」に切り替え，そこでマーチャンダイジングの5番のボタンを押して下さい。

2 記述式穴埋問題の出題形式

　次ページにあるように，「次の各問の〔　　〕の部分にあてはまる最も適当な語句・短文などを記入しなさい」というものです。そして，〔　　〕にあてはまるものが，たとえば「売上高販管費率」と思ったら，その下にある￣￣￣￣￣の中に，キーボードを使って，「売上高販管費率」と入れます。もちろん，記入した解答を後で訂正することはできます。一応解答したものの，後で「再考」したいと思ったら，画面の最下段にある「○再考する」をクリックしておくとよいでしょう。

　次ページのパソコン画面の「最上部」を見てください。ここには，「リテールマーケティング（販売士）1級」「47／106」「55:21」となっています。「リテールマーケティング（販売士）1級」は，「1級の販売士検定試験」であることを示しています。「47／106」は，全部で106画面ありますが，この画面は最初から数えて47番目の画面であることを示しています。ただし，これは試験内容と直接関係はありません。「55:21」は，試験の残り時間が55分21秒であることを示しています。

　また，その下の「ストアオペレーション11／20問」は，下の問題は「ストアオペレーション」の問題20問のうち，11番目の問題であることを示しています。

　P7とP8の問題は，「ストアオペレーション」の問題のうち「択一式穴埋問題」であるので，パソコン画面上には「ストアオペレーション　1／20問」「ストアオペレーション　2／20問」などと書かれています。

　「択一式穴埋問題」のときは各問題とも，「次の各問の〔　　〕の部分にあてはまる最も適当なものを選択肢から選びなさい」という問題設定ですが，「記述式穴埋問題」は各問題とも，「次の各問の〔　　〕の部分にあてはまる最も適当な語句・短文などを記入しなさい」という問題設定です。

| 正　解 |

　第1問（〔　　〕とは，変動作業……）　　正解 店舗別作業基準比較
　第2問（鮮魚を作業工程別に整理……）　　正解 フィーレ
　第3問（売上高営業利益率とは，売上……）　正解 売上高販管費率

リテールマーケティング（販売士）1 級　　47／106　　55：21

　　　ストアオペレーション　11／20 問

　次の各問の〔　　〕の部分にあてはまる最も適当な語句・短文を記入しなさい。

　売上高営業利益率とは，売上高総利益率から〔　　〕を差し引いたものである。前者を高めるためにはリスクマーチャンダイジング，後者を下げるためにはローコストオペレーションの構築が不可欠となる。

◦解答状況　◦再考する　◦前の問題へ　◦次の問題へ

3 | 本書の特長と利用法

1 「正誤問題」を中心に掲載した

従来，リテールマーケティング（販売士）1級の出題形式は「正誤問題」「択一問題」と「記述式問題」の2つのタイプから構成されていました。

ところが，ネット試験の導入により，販売士1級の出題形式は「択一式穴埋問題」と「記述式穴埋問題」の2つのタイプに変更されました。「択一式穴埋問題」はP10とP11，「記述式穴埋問題」はP14に掲載されています。

P10に掲載した問題は「店舗別作業基準比較レポート」に関するものですが，その類似問題がP100に掲載した「作業改善のための作業分析」に関する正誤問題です。

P10に掲載した問題から得られる知識は，「店舗別作業基準比較レポートとはどういう内容のものであり，どのように役立てるのか」ということだけです。一方，P100に掲載した問題からは，それ以外にも，作業分析に関する多くの知識を学ぶことができます。つまり，1つの問題から多くのことを学ぶためには，従来のような「正誤問題」を作成し，それを解くことが早道ということです。

したがって，本書では，従来のような「正誤問題」「択一問題」を中心に掲載しました。

2 「ハンドブック」の内容にもとづいた問題作成

リテールマーケティング（販売士）検定試験の問題は，学習教材であるハンドブックの内容にもとづいて作成されています。したがって，本書の問題もハンドブックの内容に忠実に問題を作成しました。

たとえば，『販売士ハンドブック（発展編）③ストアオペレーション ④マーケティング ⑤販売・経営管理 リテールマーケティング（販売士）検定試験1級対応』のP4に次のような記述があります。

「チェーンストア経営の基本原則とは，本部と店舗の機能（役割）分担に関するルールを指す。情報通信技術が著しく進歩した今日，本部スタッフによる店舗支援活動は，POS データなどを駆使した数値分析とそれにもとづく指導や提案が中心となっている。そのため，"本部スタッフが店舗へ要請する数値"によって各店舗が支配される傾向が強まり，店長のマネジメント力は総じて希薄化している。」

　本書では，この箇所をもとに次のような問題を作成しました。

> □ 次のア～オは，店長の役割などについて述べたものである。正しいものには1を，誤っているものには2を記入しなさい。
>
> 　ア　……………………………………………………………………
> 　　　………………
> 　イ　情報通信技術が著しく進歩した今日，本部スタッフが要請する"数値"がチェーンストア各店を支配する傾向が強まり，店長のマネジメント力は総じて希薄化している。

　イの答えは当然1となります。販売士検定試験の場合，ハンドブックにもとづいて問題を作成しているので，上記の箇所を使って問題を作成した場合，上のイのような内容になると考えられます。つまり，本書に記載されていることを理解するということは，間接的に，ハンドブックに記載されていることを理解することになります。

3 「ハンドブック」の内容構成と同じ

　ハンドブックは，『販売士ハンドブック（発展編）①小売業の類型　②マーチャンダイジング』(上巻)と，『販売士ハンドブック（発展編）③ストアオペレーション　④マーケティング　⑤販売・経営管理』(下巻)の2分冊から成ります。しかし，本シリーズでは，その構成を，『Part 1〈小売業の類型〉』『Part 2〈マーチャンダイジング〉』『Part 3〈ストアオペレーション〉』『Part 4〈マーケティング〉』『Part 5〈販売・経営管理〉』の5分冊としました。おそらく，学習者からすれば，5分冊で勉強する方が気分もよいし，効率もアップするものと考えます。

また，ハンドブックの「ストアオペレーション」の内容構成は，「第1章　店舗運営サイクルの戦略的展開」～「第5章　管理者または店長による人材育成（OJT）の実践」となっています。これについて，本シリーズはハンドブックと同じものになっています。

　ハンドブックの「第1章　店舗運営サイクルの戦略的展開」は，「第1節　店長に求められるマネジメントの革新」「チェーンストアの店舗における業務区分と行動規範」の2つの節から構成されていますが，本シリーズではこれを「実力養成問題　店長に求められるマネジメントの革新」「実力養成問題　チェーンストアの店舗における業務区分と行動規範」という形式で表しました。

　おそらく，これにより読者も安心して，本書に取り組めると思います。

実力養成問題 **店長に求められるマネジメントの革新（7）**
店長が目標とすべき具体的事項および役割（2）

□ 次のア～オは，チェーンストア店長が目標とすべき具体的事項に関する記述である。正しいものには1を，誤っているものには2を記入しなさい。

ア　顧客の支持——この目標の指標としては，顧客支持率，顧客満足度，市場占有率がある。この目標を達成するためには，顧客とそのライフスタイルならびに店舗を利用するTPOを特定しておかなければならない。

イ　店舗でのマーチャンダイジング業務の改善——顧客の…………
……………………

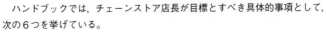

POINT!! 解説

　　ハンドブックでは，チェーンストア店長が目標とすべき具体的事項として，
次の6つを挙げている。
　　　①顧客の支持　　　②店舗でのマーチャンダイジング業務の改善
　　　③資源の管理　　　④生産性の向上
　　　⑤環境への責任　　⑥利益

ア：ハンドブックは，市場占有率（Market Share）について，「業界において，
　　ある小売業がどれだけの販売力を持っているかを示す数値である。一般に
　　は，次の公式で求める。市場占有率＝$\dfrac{\text{自社の商品販売高}}{\text{業界の全商品販売高}}$」と記述してい
　　る。

4　わかりやすい解説

　　本書の大きな特長の1つは 解説 が充実していることです。本書のP28の
問題と，その解説の一部を上記に掲載しました。

　　解説 のまず最初に，チェーンストア店長が目標とすべき具体的事項が6
つあるので，それを列挙しました。なぜなら，問題の中で「生産性の向上」を
取り上げることができないので，「生産性の向上」もあることを読者に伝える
ためです。

　　アの正解は1です。よって，アの記述から，自分の知らなかったことを吸
収するように努めます。「顧客の支持の指標としては，顧客支持率，顧客満
足度，市場占有率がある」ことを確認できます。

　　また，自明のことではあるものの，ハンドブックの市場占有率の定義につ
いても，掲載しておきました。

5　"記述式問題"の対策もできる

　　販売士1級検定試験の大きな特徴は"記述式"の問題が出題されることです。
ただ，ネット試験の導入により，記述式の出題形式は大きく変わりました。
　　そこでまずは，従来の記述式の出題形式を見てみましょう。
　　第87回販売士検定試験では次のものが出題されました。

● Y店に関する与件は下記の通りである。Y店の①労働分配率，②人時売上高，
③人時生産性について，計算式と計算結果に分けて解答欄に記入しなさい。
　　売上高　　：100,000,000 円　　売上原価：70,000,000 円
　　販売管理費： 25,000,000 円　　営業利益： 5,000,000 円
　　従業員　　：4 名　　　　　　　総人件費：7,500,000 円
　　総労働時間：5,000 時間(従業員4名の合計)

①労働分配率
　　計算式＿＿＿＿＿＿＿＿＿＿＿＿＿＿＿＿＿＿＿＿＿＿＿＿＿＿＿＿＿＿＿＿＿
　　計算結果＿＿＿＿＿＿＿＿＿＿＿＿＿＿＿＿＿＿＿＿＿＿＿＿＿＿＿＿＿＿＿＿
②人時売上高
　　計算式＿＿＿＿＿＿＿＿＿＿＿＿＿＿＿＿＿＿＿＿＿＿＿＿＿＿＿＿＿＿＿＿＿
　　計算結果＿＿＿＿＿＿＿＿＿＿＿＿＿＿＿＿＿＿＿＿＿＿＿＿＿＿＿＿＿＿＿＿
③人時生産性
　　計算式＿＿＿＿＿＿＿＿＿＿＿＿＿＿＿＿＿＿＿＿＿＿＿＿＿＿＿＿＿＿＿＿＿
　　計算結果＿＿＿＿＿＿＿＿＿＿＿＿＿＿＿＿＿＿＿＿＿＿＿＿＿＿＿＿＿＿＿＿

● 特売(ハイ＆ロー・プライシング)と対比して，EDLP 政策を採用した場合の小
売店側のメリットについて，3～4行程度で説明しなさい。

一方，ネット試験の記述式穴埋問題は先に示したように，下記のような問
題です。
● 次の各問の〔　　〕の部分にあてはまる最も適当な語句・短文などを記入し
なさい。
　⑪　売上高営業利益率とは，売上高総利益率から〔　　〕を差し引いたもの
　　である。前者を高めるためにはリスクマーチャンダイジング，後者を下
　　げるためにはローコストオペレーションの構築が不可欠となる。

上問の〔　〕には「売上高販管費率」が入ります。十分準備している人は「売上高販管費率」を記入するのは簡単だと思われます。しかし，〔　〕が「売上高営業利益率」「リスクマーチャンダイジング」「ローコストオペレーション」の箇所に設けられたらどうでしょうか。

つまり，〔　〕がどの箇所にあるかによって問題の難易度などが変わってくるので，その点を頭に入れながら，記述式穴埋問題の対策をしましょう。

6　巻末にネット試験の模擬テストを掲載

ネット試験は，「択一式穴埋問題」10問，「記述式穴埋問題」10問の2本立てです。

本書の本文には，従来の「正誤問題」「択一問題」と「記述式穴埋問題」は掲載してありますが，「択一式穴埋問題」は掲載していません。その理由は，従来の「正誤問題」「択一問題」と「記述式穴埋問題」でトレーニングを積めば，おのずと「択一式穴埋問題」を解く実力が身につくと考えたからです。

ネット試験の模擬テストに取り組む際に注意してもらいたいことは次の点です。

・制限時間を守ること。ただし，不得意科目の場合，制限時間を5分程度オーバーしても OK です。

・解ける問題はスイスイ解いていけば OK ですが，問題は"後で処理したい問題"をどうするかということ。その場で決着をつける方が結果がよい人もいるので，このテストを通じて，自分にとってベターはどちらかを考えてみましょう。

店舗運営サイクルの戦略的展開

店長に求められるマネジメントの革新（1）
店長の職責と実務の再構築

□ 次のア〜オは，店長の役割などについて述べたものである。正しいものには1を，誤っているものには2を記入しなさい。

ア　チェーンストアでは本部と店舗との役割分担が必ずしも効果的に機能していないため，両者の間に生じるギャップを埋める役割が店長に求められている。

イ　情報通信技術が著しく進歩した今日，本部スタッフが要請する“数値”がチェーンストア各店を支配する傾向が強まり，店長のマネジメント力は総じて希薄化している。

ウ　小売業の多くは，人時生産性を店長のマネジメントの指標として位置づけている。

エ　チェーンストアの店長は人時生産性を向上させるため，粗利益高を増加させることよりも，従業員の総労働時間の削減に取り組む必要がある。

オ　本部スタッフが店舗に要請する数値は業績を評価する相対数値（パーセント）のことであるが，これは具体的には売上高と販売費の割合などをいう。

POINT!! ▶ 解説

ア：チェーンストアでは，専門化した本部スタッフが各店舗への支援機能を果たすという役割を担っているが，必ずしもうまく機能していない。

イ：本部スタッフによる店舗支援活動は，POSデータなどを駆使した数値分析とそれにもとづく指導や提案が中心となっている。

ウ：人時生産性＝$\dfrac{粗利益高}{総労働時間}$　（試験に出た！）

エ：本部から従業員の総労働時間は固定化されているので，店長とすれば，粗利益高の増加に重きを置く必要がある。

オ：本部スタッフの目的は，こうした相対数値の改善にある。

正解　□ ア 1　□ イ 1　□ ウ 1　□ エ 2　□ オ 1

第1章

第2章

第3章

第4章

第5章

模擬テスト

実力養成 問題 店長に求められるマネジメントの革新（2）
コスト管理主義マネジメントからの脱却（1）

□ 次の文中の〔 〕の部分に，下記の語群のうち最も適当なものを
選びなさい。

　本部スタッフの視点からすると，人手は人件費としての側面から捉えられ，しばしば削減の対象として扱われる。〔ア〕も同様である。本部スタッフにとっては，このような〔イ〕は〔ウ〕が問題なのであり，〔エ〕ではない。

　一方，店長にとっては人手も商品も店舗運営上の〔オ〕であり，投資や活用の対象と捉えられるべき経営資源である。店長は与えられた人時枠や〔ア〕枠の範囲でそれぞれの〔エ〕を追求しなければならない。

〈語　群〉
①マネジメント　②資産　　　　③絶対額　　　④店舗経営
⑤中身　　　　　⑥相対数値　　⑦商品在庫　　⑧業績
⑨コスト　　　　⑩バロメーター

POINT!! 解説

　上文の主旨は，「本部のスタッフからすれば，人件費や商品在庫はコストであり，削減の対象となる。しかし，店長にとってはこれらはコストというよりは，資産である。なぜなら，人手や商品がなくては利益の追求はできない。したがって，店長とすれば，本部から与えられた人時枠，商品在庫枠を前提として，利益の向上に努めなければならない」というものである。

　〔エ〕には「中身」が入るが，いわゆる「質」のことである。"人手の質"とは，具体的にいえば，人材を育成し，その人材を適所に配置することである。また，"商品在庫の質"とは，バックルームの在庫をゼロにするため，担当者に在庫の目的と理由を問うことで，不要在庫の排除に取り組むことをいう。

　なお，店長がアカウンタビリティ（組織の責任者が社会の了解や合意を得るために，業務や活動の内容について説明する責任のこと）を果たそうとするのであれば，コスト管理主義のマネジメントから脱却しなければならない。

正解 ア⑦ イ⑨ ウ③ エ⑤ オ②

店長に求められるマネジメントの革新（3）
コスト管理主義マネジメントからの脱却（2）

□ 次の文中の〔　〕の部分に，下記の語群のうち最も適当なものを
　選びなさい。

　　日常の店舗運営の基本となる数値は，〔ア〕予算と〔イ〕である。
　大型店の運営を担う立場にある店長は，店舗における各部門の
　〔ウ〕を通じ，全従業員に予算の〔エ〕を実現させる〔オ〕を確立し，
　実践しなければならない。予算の数値自体は，あらかじめ計算さ
　れた数字でしかない。しかし，それを〔エ〕することで，予算の意
　味と効果が発揮できる。
　　予算の〔エ〕とは，全従業員に「何としてもこの予算を達成する」
　と認識させる数値を設定することである。業績を伸ばしている店
　長は，予算を〔エ〕する独自の実務〔オ〕を実践している。

〈語　群〉
①目標値化　　②バイヤー　　③プロセス　　④商品在庫枠
⑤売上高　　　⑥アプローチ　⑦利益化　　　⑧人時枠
⑨マネジャー　⑩一般管理費

POINT!! 解説

アとイ：日常の店舗運営の基本となる数値は，売上高予算と人時枠である。

$$人時売上高＝\frac{売上高}{総人時}$$ （試験に出た！）

　　つまり，どれだけの人時で，どれだけの売上高を達成するかが決まる。
エ：予算は従業員からすれば，会社の上層部で勝手に決めた数字でしかない。
　しかし，店長はそうは言ってはいられず，これを実現しなければならない。
　したがって，店長の役割は全従業員に対して「何としてもこの予算の数値
　を達成する」と認識させることにある。このように，全従業員に達成目標
　となる数値を示し，認識させることを，予算の目標値化という。
オ：達成目標とする予算を示すだけでは，その予算を達成できない。予算の目
　標値化の後に重要なことは，それをどのようなプロセスで実現するかである。

正解　□ア⑤　□イ⑧　□ウ⑨　□エ①　□オ③

実力養成問題

店長に求められるマネジメントの革新（4）
コスト管理主義マネジメントからの脱却（3）

□ 次の文中の〔　〕の部分に，下記の語群のうち最も適当なものを選びなさい。

予算を目標値化する実務プロセスは次の手順で行う。

(1)本部の政策と，それを受けての店舗の政策を共有化する〔ア〕やコミュニケーションの場を設けて周知徹底する。

(2)政策を実現するための〔イ〕分担を行い，予算を各部門や各担当者レベルまで落とし込み，部門，さらにはカテゴリーマネジャーなどに予算達成のための〔ウ〕や売場展開計画を綿密に立てさせる。

(3)日常の店舗運営において，〔エ〕の実践化を指導する。すなわち，〔エ〕目標を達成するために，何を，何個，どのような方法で販売するかという計画の立案と実施を指導する。

(4)結果（実績）を確認，評価し，予算を達成するために従業員を〔オ〕。

〈語　群〉
①売上　　　②商品構成　　　③オリエンテーション
④数値　　　⑤しつける　　　⑥ミーティング
⑦資金　　　⑧商品計画　　　⑨役割　　　⑩動機づける

POINT!! 解説

ア：予算の目標値化への取り組みは，店舗の政策を従業員と共有化することから始まる。そのためには，ミーティングやコミュニケーションの場を設ける必要がある。

イとウ：政策を実現するためには，各自の役割分担を決める必要がある。部門マネジャーは商品計画の立案などを担当する。

エとオ：エには「数値」，オには「動機づける」が入る。結果を確認，評価することで，従業員は目標に向け，やる気を起こすことになる。

なお，業績を伸ばしている店長は，上記に示されたような，予算を目標値化する独自の実務プロセスを実践している。

正解　□ ア⑥　□ イ⑨　□ ウ⑧　□ エ④　□ オ⑩

□ 次の文中の〔　〕の部分に，下記の語群のうち最も適当なものを
　選びなさい。

　　チェーンストア運営上の問題の1つに，店舗の従業員間におけ
　る〔ア〕不足がある。「パートタイマーと上司との〔ア〕がない，も
　しくは不足している」というチェーンストアは少なくない。
　　一般に，多くのチェーンストアは，毎週のようにパートタイマー
　の〔イ〕を実施している。しかし，その実施内容をみると〔ア〕不足
　という問題が生じている。
　　ここでいう〔ア〕とは，単なる〔ウ〕ではなく，従業員相互の〔エ〕
　の形成を目指したふれあいを意味する。重要なのは，「互いの気
　持ちをわかり合う」関係を〔イ〕などによって形成することである。
　店内の〔ア〕が確立されていなければ，予算の〔オ〕は難しい。その
　ために店長は，店内〔ア〕の強化に向けたインフラを整備しなけれ
　ばならない。

〈語　群〉
①インフラ　　　②信頼関係　　　③目標値化
④情報提供　　　⑤チームワーク　　⑥ミーティング
⑦コミュニケーション　　　⑧情報伝達
⑨依存関係　　　⑩オリエンテーション

POINT!! ▶ 解説

　　上文の主旨は，文章の最後に書かれてあるように「店長は，店内コミュニ
ケーションの強化に向けたインフラを整備しなければならない」ということ
である。なぜなら，店内のコミュニケーションが確立されていなければ，予
算の目標値化は難しいものとなる。
　　また，上文の内容から，「チェーンストアでは，店舗の従業員間のコミュ
ニケーションが不足していること」もよく覚えておこう。

正　解　□ ア⑦　□ イ⑥　□ ウ⑧　□ エ②　□ オ③

実力養成 問題 店長に求められるマネジメントの革新（6）
店長が目標とすべき具体的事項および役割（1）

第1章

第2章

第3章

第4章

第5章

模擬テスト

□ 次の文中の〔　〕の部分に，下記の語群のうち最も適当なものを選びなさい。

　　チェーンストアの店長は，一般に，販売会社のセールスマネジャー，製造業の工場長，銀行の支店長などと同じ〔ア〕の地位にある。ただし，この〔ア〕はその他の部門と違い，〔イ〕を生み出す役割を担った現場のマネジャーであるという点に注目すべきである。

　　チェーンストアの〔イ〕は，マーチャンダイジングの計画（営業企画），仕入（商品の調達・開発・供給），そして，販売の〔ウ〕によって生み出される。しかし，〔イ〕が生み出される場所は，顧客と接点を持つ〔エ〕である。それゆえ，チェーンストアの店長は，顧客と〔オ〕の間に介在し，顧客と〔オ〕を結びつける立場にある。

〈語　群〉
①分業　　　②全般管理　　　③店舗
④協働　　　⑤付加価値　　　⑥職位
⑦トップマネジメント　　　⑧部門管理
⑨ロワーマネジメント　　　⑩中間管理職

POINT!! ▶ 解説 ⟫⟫⟫

　　上文の主旨は，「チェーンストアの店長は中間管理職であるとともに，本部の人事部，経理部，商品企画部などと違い，付加価値を生み出す現場のマネジャーである。また，付加価値は顧客との接点である店舗で生み出され，その意味でチェーンストアの店長は顧客とトップマネジメントを結びつける立場にある」というもの。

　　つまり，チェーンストアの店長は現場のマネジャーとして，会社を代表して顧客に接し，付加価値の実現のために働いているといえる。なお，付加価値とは正確にいえば新たに生み出した価値の合計のことであるが，一応，利潤と考えておけばよい。

正解 □ ア ⑩　□ イ ⑤　□ ウ ④　□ エ ③　□ オ ⑦

□ 次のア〜オは，チェーンストア店長が目標とすべき具体的事項に
関する記述である。正しいものには1を，誤っているものには2
を記入しなさい。

ア 顧客の支持──この目標の指標としては，顧客支持率，顧客満
足度，市場占有率がある。この目標を達成するためには，顧客と
そのライフスタイルならびに店舗を利用するTPOを特定してお
かなければならない。

イ 店舗でのマーチャンダイジング業務の改善──顧客の店舗に対
する評価要素(品ぞろえ，品質，価格など)を活かし，店舗では購
買行動の変化を先取りして，本部のマーチャンダイジング政策を
支援していくことを目標とする。

ウ 資源の管理──店舗運営において最大の成果が上がるように，
労働資源，物的資源，資本資源を維持・向上させ，コストを管理
する。とりわけ，チェーンストアが他店舗との競争において優位
に立つ要因は，商品という物的資源である。

エ 環境への責任──小売店は，地域環境への貢献を単に義務とし
て果たすだけでなく，地域社会の一員として積極的に展開してい
く必要がある。

オ 利 益──利益の確保は，店舗が存続・発展していくための必
要条件である。店舗が立地するその地域社会にとって必要な存在
であるためには，存続・発展のための利益を確保し続けていかな
ければならない。

POINT!! 解説

第1章

第2章

第3章

第4章

第5章

模擬テスト

ハンドブックでは、チェーンストア店長が目標とすべき具体的事項として、次の6つを挙げている。

①顧客の支持　②店舗でのマーチャンダイジング業務の改善
③資源の管理　④生産性の向上
⑤環境への責任　⑥利益

ア：ハンドブックは、市場占有率（Market Share）について、「業界において、ある小売業がどれだけの販売力を持っているかを示す数値である。一般には、次の公式で求める。市場占有率＝$\dfrac{\text{自社の商品販売高}}{\text{業界の全商品販売高}}$」と記述している。

イ：顧客は小売店の品ぞろえ、商品の品質や価格、売場の快適性などを総体的に評価して、その店舗でどの程度買い物をするかを決めることになる。よって、店長はそうした顧客の動向をつぶさに観察することで、どういう商品がどういう理由で売れている、あるいは売れ行きが悪くなっているかを把握することが肝要となる。また、そうした顧客の購買行動の変化を先取りすることで、本部のマーチャンダイジング政策を支援しなければならない。

ウ：とりわけ、チェーンストアが他店舗との競争において優位に立つ要因は、従業員という労働資源の質である。なお、店舗における資源は、人（労働資源）と商品（物的資源）と店舗施設（資本資源）が基本である。

エ：したがって、店長は、地域環境に対する責任を店舗運営の目標として設定する必要性を、チェーン本部とともに協議していかなければならない。

オ：店舗が存続・発展していくためには利益の確保が必要であるが、厳しい経営環境の中でそれを可能にするためには、改善の継続とイノベーションが不可欠となる。

○生産性の向上──店舗の各資源をバランスよく活用することにより生産性の向上が達成できる。仕事量が増えても、コストが増加することがあるので、その点を注意する必要がある。

正解　□ア 1　□イ 1　□ウ 2　□エ 1　□オ 1

店長に求められるマネジメントの革新（8）
店長が目標とすべき具体的事項および役割（3）

□ 次のア～オは，店長のマネジャーとしての役割に関する記述である。正しいものには1を，誤っているものには2を記入しなさい。

ア　店長は，商品販売業務，試供品の提供やPB商品の紹介などのフロントエンドサービス，後方業務の各部門長のチーフが成果をあげるように指導・監督する責務がある。

イ　店長は各部門の目標設定にあたり，部門長と協議は行うものの，最終的にはトップダウン方式で目標を設定することになる。

ウ　店長が仕事への従業員の割当を行うことが，職場内のよい人間関係を形成することになる。

エ　店長が従業員とのコミュニケーションをはかり，従業員への観察および評価を正しく行うことで，従業員のモチベーションは高くなる。

オ　店長は各部門の成果が最大になるよう指導，監督するもので，それらの成果の総和よりも大きな成果の創出を目指すべきではない。

POINT!! 解説

ア：店舗組織は，商品販売業務，フロントエンドサービス，後方業務から成り，各部門が店長に直属している。また，ハンドブックでは，店長はそれぞれの部門長（チーフ）が成果をあげられるように，次のような仕事を担っているとしている（図）。

①目標の設定

②仕事への従業員の割当

③目標達成に向けた監督・指導

④動機づけとコミュニケーションの実践

⑤業務のプロセスと成果の測定，評価（従業員の生産性向上）

⑥部門それぞれの働きの総和よりも大きな成果の創出（従業員の定着率向上）

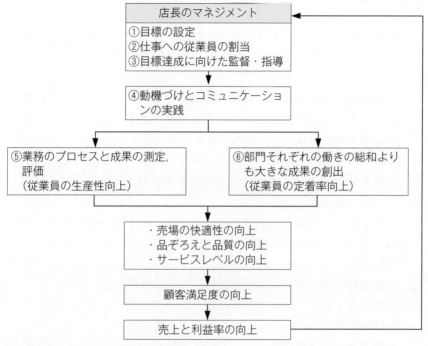

図　店長による店舗マネジメントのフレームワーク

出所：『販売士ハンドブック（発展編）』

第1章

第2章

第3章

第4章

第5章

模擬テスト

イ：部門ごとの目標設定の際，トップダウン方式ではなく，納得できるまで部門長と協議することになっている。店舗自体の目標設定の際には，トップマネジメントと店長との間で協議がなされるが，このときもトップダウン方式はとられない。

ウ：正規社員の人事はもとより，パートタイマー，アルバイトの採用においても，店長の判断を重視することが望ましい。

エ：コミュニケーションが十分行われ，従業員の評価が正しく行われると，従業員の組織へのコミットメント（関与，献身）は高まり，モチベーションも高まることになる。

オ：1＋1＝2ではなく，1＋1＝3になるように，組織運営をはかるのが店長の役割でもある。言い換えれば，組織は1つにまとまることにより，より大きな成果を創り出せることになる。

正　解　　□ ア 1　　□ イ 2　　□ ウ 1　　□ エ 1　　□ オ 2

□ 次の各文は，マネジメントスキルの向上に関するものである。文中の〔　〕の部分に，下記の語群のうち最も適当なものを選びなさい。

○店舗運営上の〔ア〕には，関係者の意見を聴取し，いくつかの代替案を考え，多くの同意を得ることを前提とする。特に，〔イ〕を要する事項の場合は，〔ア〕の基準を決めておく。

○管理手段を管理と勘違いすると，精緻，かつ，煩雑な定量的管理手段を採用することがよい管理であると思い込み，場合によっては〔ウ〕が起きる。

○経営科学は，〔エ〕の道具であり，〔オ〕を分析するものである。その分析は〔オ〕の診断に用いられ，〔エ〕の〔ア〕に役立てられる。

〈語　群〉
①経営行動　　　　②用意周到　　　　③意思決定
④マネジメント　　⑤予算統制　　　　⑥方針
⑦即断即決　　　　　　　　⑧資源の無駄遣い
⑨接客サービスの低下　　　⑩経営組織

POINT!! 解説

ア：「意思決定」が入る。意思決定とは，人間または集団が何らかの行動をとるとき，どの行動を選択するかを決めることをいう。店長が店舗を運営する際にも，さまざまな意思決定を迫られることになる。なお，「意思決定」という用語は経営学のキーワードの1つである。

イ：「即断即決」が入る。これに関して，ハンドブックでは，次のように述べている。

　「たとえば，顧客の苦情や要望には倫理または道徳に反しない限り，すぐに応じる。例外処理の場合は，上司の判断を仰ぐようにするといった基準である。」

ウ：管理（control）と管理手段（controls）の関係について，ハンドブックは「適切な管理手段（測定と評価）は管理能力を高める」としている。ただし，管

店長に求められるマネジメントの革新

第1章

第2章

第3章

第4章

第5章

模擬テスト

理手段を管理と勘違いすると，精緻，かつ，煩雑な定量的管理手段を採用することがよい管理であると思い込み，全体をマネジメントする能力を低下させ，全体としての店舗生産性を低下させてしまうことがある。その結果，精緻，かつ，煩雑な定量的管理手段が，資源の無駄遣いになることがある。

エとオ：エには「マネジメント」，オには「経営行動」がそれぞれ入る。経営科学とは，経営を経験や勘などに頼らず，多くのデータと科学的手法にもとづいて行うものである。したがって，経営科学は経営を行う際の意思決定を支援するもので，マネジメントの道具といえる。なお，経営科学の研究対象は経営行動であり，経営行動に関する多くのデータを分析することから始まる。

正解　□ ア③　□ イ⑦　□ ウ⑧　□ エ④　□ オ①

□ 次のア〜オは，チェーンストアの店舗における基本的業務区分に
関して述べたものである。正しいものには1を，誤っているもの
には2を記入しなさい。

ア　チェーンストアの店舗では，「月間販売計画」と「週間販売計画」
は管理者(店長)が作成する。

イ　「人員配置計画の作成」は管理者(店長)が行うが，「曜日別重点
作業の設定」「週間作業スケジュール表の作成」は主任・係長クラ
スが行う。

ウ　「発注内容と発注量のチェック」は管理者(店長)が行い，「発注
数量の予測」は主任・係長クラスが行う。

エ　「発注商品がいつ，どこから，どれくらい納品されるかの確認」
は主任・係長クラスが行い，「発注に対する納品内容のチェック」
は担当者が行う。

オ　「死に筋商品，量的(数量，金額)に多い商品の原因分析と対策
立案」は管理者(店長)が行う。

POINT!! ▶ 解説

　チェーンストアの店舗における基本的業務は，次ページの表に示されるよ
うに10区分ある。そして，各業務について，管理者(店長)クラス，主任・
係長クラス，担当者に割り当てられる具体的な業務がある。

　試験対策としては，まず，各業務について管理者(店長)クラスに課せられ
る業務をチェックし，ポイントとなるものを覚えることである。特に，主任・
係長クラスとの業務の違いを明確にしておくことが重要となる。

ア：「週間販売計画」は主任・係長が作成する。

ウ：「発注内容と発注量のチェック」は主任・係長が行い，「発注数量の予測」
は担当者が行う。

オ：管理者(店長)ではなく，主任・係長が行う。

正解　□ ア 2 　□ イ 1 　□ ウ 2 　□ エ 1 　□ オ 2

表　チェーンストアの店舗における基本的業務

	管理者（店長）クラス	主任・係長クラス	担当者
①販売計画の作成	(1)月間販売計画の作成 　（本部から案内される販売計画にもとづいて自店の販売計画を立てる） 　a 売出し，催事計画の作成 　　行事計画，売出し，催事テーマ，期間，対象部門，商品内容，場所，スペース，演出・陳列方法，売上目標，販売体制 　b 季節商品の販売計画の作成 　　テーマ，期間，対象部門，商品内容，場所，スペース，演出・陳列方法，売上目標，販売体制 　c 月度，週間重点商品の設定 　　商品名，売価，販売および在庫数量，販売方法 　d 月度重点業務の設定など	(1)週間販売計画の作成 　（月間販売計画にもとづいて週間販売計画を立てる） 　a 週間販売計画の作成 　　週間重点業務の設定 　b 曜日別，週間売上目標の設定 　　重点商品の売上金額と数量，売出し，催事の売場計画，作業計画など	
②作業割当計画作成と監督	(1)人員配置計画の作成 　（売上推移に合わせた） (2)販売主任の週間重点業務の設定 (3)作業割当，作業スケジュール計画の指導とチェック (4)作業割当計画にもとづく実施のチェックと改善指示など	(1)月度勤務管理表の作成 (2)曜日別重点作業の設定 (3)作業割当，週間作業スケジュール表の作成 (4)週間作業スケジュール表にもとづく実施のチェックと作業指示など	(1)作業割当表，週間作業スケジュール表の事前確認と実施など
③発注	(1)商品別発注責任者の承認 (2)発注日が守られているかの確認 (3)重点商品の発注量のチェック (4)端境期における関係先との調整，商品手配など	(1)発注指示 (2)発注内容と発注量のチェックなど 　（チェックできない商品は販売主任自身で発注する）	(1)在庫調査（売場・バックヤード） (2)発注数量の予測 (3)オーダーブック（発注書）の起票と発注連結など

	管理者（店長）クラス	主任・係長クラス	担当者
④商品入荷および商品補充（品出し）	(1)重点商品の未納に対する対策と実施 (2)商品補充体制のチェックと指導など （時間帯，人員体制，終了時間）	(1)発注商品がいつ，どこから，どれくらい納品されるかの確認 (2)未納商品の対策と実施，報告 (3)発注外商品の処理の指示 (4)商品補充の指示（作業割当，方法，手順） (5)進行状況のチェックなど	(1)発注に対する納品内容のチェック (2)未納商品の上司への報告 (3)発注外商品報告と上司指示による処理 (4)商品の仕分けと運搬 (5)商品補充，陳列と後始末など
⑤ディスプレイ、演出など	(1)催事，季節商品売場づくりに関する指示，指導とチェック (2)シーズン切替え時における売場づくりの指示，指導とチェック (3)重点商品の陳列，演出についての指示，指導とチェック	(1)販売計画にもとづく売場づくりの実施および作業指示 (2)シーズン切替え時およびシーズン中における陳列などの実施と作業指示 (3)重点商品の陳列位置，量などの修正 (4)POP広告プライスカードの定期点検 (5)POP広告制作依頼のまとめと発注など	(1)左記にもとづく陳列，演出の実施 (2)演出，POP広告関係消耗品の調達 (3)プライスカード，ショーカードの発注または作成と取付け (4)POP広告の依頼および取付け，取外しなど
⑥接客サービス、部門レジ運用	(1)接客，重点売場および曜日別重点時間帯の設定と実施 (2)売場別，曜日別，時間帯別人員配置の設定と実施 (3)苦情処理と改善対策実施など	(1)左記にもとづく実施と臨機応変の配置指示 (2)苦情の受付と応対および報告など	(1)推奨販売，売場案内，買物相談 (2)返品交換 (3)寸法直し・宅配などの受付と販売事務 (4)部門レジの打刻および両替，精算業務 (5)サッカー業務 (6)包装紙（袋），包装消耗品の補充 (7)苦情の受付など

	管理者（店長）クラス	主任・係長クラス	担当者
⑦売価変更、返品、店間移動	(1)予算の確認と予算内における効果的な運用 (2)死に筋商品, 量的 (数量, 金額) に多い商品の移動と対策案調整 (商品など) (3)売り尽くし計画と販売方法の徹底 (4)返品, 店間移動に関する確認と指示など	(1)担当売区の予算の進行管理 (2)死に筋商品, 量的に多い商品の原因分析と対策立案および報告 (3)返品, 店間移動の実施と作業指示およびチェックなど	(1)死に筋商品, 量的に多い商品の在庫調査と報告 (2)売価変更伝票の起票と値替の実施 (3)返品, 店間移動伝票の起票 (4)返品, 移動商品の梱包と商品管理セクションへの連絡など
⑧売場の維持管理と保全	(1)売場清掃, 商品整理状況のチェックと指示, 指導 (2)什器, 備品, 設備の管理状況のチェックと指示, 指導など	(1)売場清掃, 商品整理のスケジュール化と実施チェック (2)陳列什器, 備品の定期点検 (場所, 数量, 使用方法, 清掃など)	(1)売場清掃の実施 床・売台, 陳列什器, 照明器具, 買物カゴ (2)商品整理の実施など
⑨後方管理	(1)バックヤード管理状況の定期チェックと指示, 指導 (2)在庫内容の確認と滞留商品の対策実施など	(1)バックヤード清掃, 商品整理のスケジュール化と実施チェック (2)通路の確保と分類の徹底 (3)バックヤード在庫商品の内容チェックと滞留商品の対策立案など	(1)通路, ラック商品の清掃 (2)バックヤード在庫商品の整理整頓 (3)滞留商品の報告など
⑩売出し準備	(1)売出し準備体制のチェックと確認 (2)陳列, 演出の指導とチェックなど	(1)売出し, 催事計画, 売出し商品リストによる売出し準備の指示と実施チェック (2)売出し商品の入荷確認 (3)陳列, 演出の実施など	(1)売出し商品の入荷チェックと報告 (商品内容, 売価, 原価, 数量) (2)チラシ広告と商品内容のチェック, 品出し陳列 (3)売出しPOP広告のチェックと取付けなど

出所：『販売士ハンドブック（発展編）』

チェーンストアの店舗における業務区分と行動規範 (2)
チェーンストアの店舗における行動規範

□ 次の文中の〔 〕の部分に，下記の語群のうち最も適当なものを選びなさい。

　　ストアオペレーションにおけるルーティーンワークの基本は，〔ア〕，清潔，奉仕，謙虚，礼儀の５項目を，顧客の立場で励行することである。そして，このことを「〔イ〕」，「レジ，サッカー管理」，「〔ウ〕」，「〔エ〕」，「身だしなみ・応対」の５つの場面で実行しなければならない。

　　〔イ〕においては，「〔オ〕の作業を常に実施する」，「品出し作業で顧客に迷惑をかけない」などを実行しなければならない。〔エ〕においては，「顧客用，従業員用出入口の美化・安全を徹底する」，「駐車場，駐輪場を毎日清掃し，清潔と安全を保つ」などを実行しなければならない。

〈語　群〉
①就業管理　　②価格　　　　③前進立体陳列
④店内管理　　⑤後方管理　　⑥売場管理
⑦大量陳列　　⑧品質　　　　⑨付帯施設管理
⑩売場指揮

POINT!! 解説

　　ここでのポイントは，品質，清潔，奉仕，謙虚，礼儀という５つの行動規範を，顧客の立場で，「売場管理」「レジ，サッカー管理」「後方管理」「店内管理」「身だしなみ・応対」の５つの場面で実行しなければならないということ。したがって，５つの行動規範と５つの場面を丸覚えしておく必要がある。

イとオ：「品出し作業で顧客に迷惑をかけないこと」から，〔イ〕には「売場管理」が入ることになり，この結果，〔オ〕には「前進立体陳列」が入ることになる。

正解　□ ア⑧　□ イ⑥　□ ウ⑤　□ エ④　□ オ③

表　ストアオペレーションにおけるルーティーンワーク（スーパーマーケットの例）

①売場管理	1. 前進立体陳列の作業を常に実施する。 2. 品出し作業で顧客に迷惑をかけない。 3. ダンボール，台車などを通路・売場に放置しない。 4. 主通路，副通路を明確にして，はみ出し陳列をしない。 5. 陳列商品が乱れたら，直ちに整理する。 6. 売場の什器・器具は一定の頻度で磨く。ゴンドラケース，ステージ，コーナー陳列棚はホコリがつかないようにしておく。 7. 売台の床に，ホコリ，ゴミ，汚れがない。 8. 天井に，ステープラー，テグス，期限切れPOP広告などがない。 9. 蛍光灯，防煙垂れ幕は，期間設定(例, 3か月に1回)して，作業割当を決めて清掃する。 10. エスカレーター，エレベーター，階段の安全管理および清掃を徹底する。
②レジ，サッカー管理	1. レジ周辺，サッカー台周辺を常に整理・整頓・清掃する。 2. サッカー台は，備品切れを起こさない。 3. 通路の水やゴミを速やかに取り除く。 4. 店内カゴを清潔に保つ。
③後方管理	1. 部門別，商品カテゴリー別に，定位置管理・整理・整頓・清掃をする。 2. 販売器具，備品を定位置管理する。 3. 事務所，営業室，食堂，休憩室を整理・整頓・清掃する。 4. 非常口，避難階段，屋上を毎日，安全点検する。 5. トイレ(顧客用・従業員用)を毎日定期的に清掃し，毎月1回，殺虫および消毒する。
④店内管理	1. 顧客用，従業員用出入口の美化・安全を徹底する。 2. 駐車場，駐輪場を毎日清掃し，清潔と安全を保つ。 3. 店舗の外に，不用品を放置しない。 4. 植込み，樹木の手入れを行き届かせる。
⑤身だしなみ・応対	1. 制服は清潔で，かつ，好感が持てるように着用する。 2. 爪は短く，指先を清潔に保つ。 3. ハキハキと挨拶し，ていねいな美しい言葉遣いをする。 4. 明るい笑顔で，気持ちよく応対する。 5. 素直な態度で，接客や応対にあたる。 6. 常に，キビキビと機敏な行動をとる。

出所：『販売士ハンドブック（発展編）』

記述式穴埋問題　　キーワードはこれだ！

> 次の各問の〔　　〕の部分にあてはまる最も適当な語句・短文を記入しなさい。

① 小売業の多くは，〔　ア　〕を店長のマネジメントの指標として位置づけている。〔　ア　〕とは，〔　イ　〕を総労働時間で除したものである。

ア	イ

② チェーンストア本部のスタッフからすれば，人件費や商品在庫は〔　ア　〕であり，しばしば削減の対象となる。しかし，店長にとってはこれらは〔　ア　〕というよりは〔　イ　〕である。なぜなら，人手や商品がなくては利益の追求はできない。

ア	イ

③ 組織の責任者が社会の了解や合意を得るために，業務や活動の内容について対外的に説明する責任のことを〔　　〕という。

④ 〔　　〕とは，全従業員に「何としてもこの予算を達成する」と認識させる数値を設定することである。

⑤ 店長は本部スタッフの〔　ア　〕マネジメントからの脱却を求められるが，こうした状況の下，店長が取り組むべきマネジメントの革新の１つに，全従業員による〔　イ　〕を常に行う仕組みを作ることがある。

ア	イ

⑥ 〔 ア 〕とは，売上高を総人時で除したものである。これにより，どれだけの〔 イ 〕で，どれだけの売上高を達成するかが決まる。

ア	イ

⑦ チェーンストアの店長が目標とすべき具体的事項の１つに「顧客の支持」があるが，この目標の指標として，顧客支持率，〔 ア 〕，〔 イ 〕率がある。

ア	イ

⑧ 店舗における基本的資源は，従業員と商品と店舗施設である。したがって，小売業としての資源に関する目標は，労働資源，〔 ア 〕，〔 イ 〕の獲得である。

ア	イ

⑨ 店舗運営上の〔　〕には，「関係者の意見を聴取し，いくつかの代替案を考え，多くの同意を得る」ことを前提とすることが望ましい。

⑩ 「月間販売計画の作成」は〔 ア 〕クラスの担当であり，「販売計画にもとづく売場づくりの実施および作業指示」は〔 イ 〕クラスの担当である。

ア	イ

⑪ ストアオペレーションにおける，売場管理，レジ・サッカー管理などのルーティーンワークの基本は「品質，清潔，〔　〕，謙虚，礼儀」の５項目を，顧客の立場で励行することである。

⑫ 〔　〕とは，経営を経験や勘などに頼らず，多くのデータと科学的手法にもとづいて行うものである。

①ア－人時生産性　　イ－粗利益高

解説 つまり，人時生産性＝$\dfrac{粗利益高}{総労働時間}$

粗利益高が3,000万円，総労働時間が6,000時間であるとき，

人時生産性＝$\dfrac{3,000（万円）}{6,000（時間）}$＝5,000（円／時間）

②ア－コスト　　イ－資産

解説 チェーンストア本部のスタッフのように，「人件費や商品在庫をコストと考えるようなマネジメント」を，「コスト管理主義によるマネジメント」という。「コスト管理主義」という用語は覚えておいた方がよい。

③アカウンタビリティ

解説 「アカウンタビリティ」が書いてあって，他の箇所で〔　　〕が設けられるとしたら，「説明する責任」だと考えられる。ハンドブックでは，アカウンタビリティ（Accountability）について，「たとえば，店長が顧客や従業員などに，自己の店舗運営の結果などについて報告し，納得させる説明責任がある」とも述べている。

④予算の目標値化

解説 予算の目標値化で重要なことは，予算作成後，それをどのようなプロセスで実現するかである。業績を伸ばしている店長は独自の実務プロセスを実践している。

⑤ア－コスト管理主義　　イ－継続的業務改善

解説 「継続的業務改善」の仕組みを作ることで，時間と資源の無駄使いを見つけ出し，これから生み出される時間と資源をサービス強化などに投入し，売上高の向上につなげることが可能となる。

⑥ア－人時売上高　　イ－人時

解説 人時売上高＝$\dfrac{売上高}{総人時}$

日常の店舗運営において基本となる数値は，売上高予算と人時枠である。

⑦ア－顧客満足度　　イ－市場占有

　　解説　ハンドブックは，"顧客の支持"を得るためには，「顧客のウォン
　　　　ツとニーズの動向を把握し，それに自店のマーチャンダイジングを
　　　　対応させることが必要である」と述べている。

$$市場占有率(Market\ Share) = \frac{自社の商品販売高}{業界の全商品販売高}$$

⑧ア－物的資源　　イ－資本資源

　　解説　「商品」を「〜資源」という言い方をした場合には「物的資源」となる
　　　　ので，これは丸覚えしておいた方がよい。「資本資源」を「資金資源」
　　　　と覚えている人がたまにいるので，正確に覚えておこう。

⑨意思決定

　　解説　特に，即断即決を要する事項については，意思決定の基準を決め
　　　　ておくことが肝要となる。なお，「意思決定」という用語は重要語で
　　　　あるので，よく覚えておこう。

⑩ア－管理者(店長)　　イ－主任・係長

　　解説　チェーンストアの店舗業務にはいろいろなものがあり，それぞれ
　　　　の業務について担当者が決められている。

⑪奉仕

　　解説　ストアオペレーションのルーティーンワークには，「売場管理」「レ
　　　　ジ，サッカー管理」「後方管理」「店内管理」「身だしなみ・応対」などが
　　　　ある。

⑫経営科学

　　解説　ハンドブックは，経営科学(Management Science)について，
　　　　「組織的活動全般における種々の管理活動を管理者の意思決定プロセ
　　　　スとして捉え，そのプロセスを合理化，かつ，効率化するための科
　　　　学的方法を研究する学問。経営を総合的な経営システムとして把握
　　　　し，科学的なアプローチによってその最適な意思決定を支援するこ
　　　　とを目的とする」と述べている。

発注の戦略的展開

□ 次のア〜オは，チェーンストアにおける発注業務の流れに関する記述である。正しいものには1を，誤っているものには2を記入しなさい。

　　ア　チェーンストアにおける発注業務は，売るべき商品，数量，販売時期などの販売計画を立てることから始まる。

　　イ　販売計画が決定すると，それをスムースに実行に移すための準備を行う。

　　ウ　発注ミーティングは，販売主任，正社員，パートタイマーのすべてに，発注に必要な情報の意味について共通認識を持たせることを狙いとする。

　　エ　週間基本発注する前日に，再度情報を収集・確認し，情報が変わった場合には，前日修正を行う。

　　オ　週間基本発注では，単品の計画数を決定する。ただし，実際に販売し，仮説が違うときには，計画数を変更する。

POINT!! 解説

　ア：チェーンストアにおける発注業務の流れは下図の通りである。図からわかるように，発注業務は店舗での商品構成の決定から始まる。

　店舗での商品構成の決定では，地域の顧客のニーズや欲求に対応した店舗での品ぞろえとは，どのような構成かを決定する。具体的には，ターゲット顧客が求めると思われる品種と品目(価格，規格，グレード，サイズなど)である。また，発注業務をはじめ，各カテゴリー（グループ）の人員体制を決定し，場合によっては見直す。

　「店舗での商品構成の決定」にもとづいて作成される販売計画では，売るべき商品，数量，タイミング(販売時期)，プロモーションの展開場所，商品の提供方法などのほかに，地域情報に対応した重点販売商品も決定される。

　また，これと関連して，ハンドブックは「販売主任は，販売計画において選定したカテゴリーごとの販売数量を具体的に単品に割り当て，カテゴリー別単品別の「週間販売計画書」とフロアレイアウト図を店舗の全員に提示す

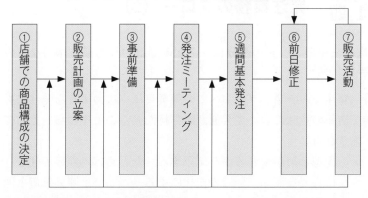

図　チェーンストアにおける発注業務の流れ

出所：『販売士ハンドブック（発展編）』

る」と述べている。

イ：販売計画を実行に移すための事前準備では，従業員全員にとって重要な注意事項なども伝達される。

ウ：発注ミーティングでは，たとえば，「先週とどこが違うのか」「重点販売商品の選定理由」などを話し合う。

エ：上図を見てわかるように，「前日修正」は「週間基本発注」の後である。つまり，週間基本発注時点と比較し，情報に変化が生じた場合，それにもとづき，発注数量の修正を発注日の前日に行う。

　なお，発注数量の修正は，主任クラスの発注チェックにより，計画数量の確認を受けることになっている。

オ：週間基本発注では，単品別に発注する計画数を決める。ただし，実際の販売状況に応じ，数量は加減する。

　なお，上図の販売活動とは，商品の納品から顧客が購入するまでの作業を含んでいる。また，販売の実績は販売計画などにフィードバックされる。

正解　□ア2　□イ1　□ウ1　□エ2　□オ1

□ 次の文中の〔　〕の部分に，下記の語群のうち最も適当なものを選びなさい。

　　発注ミーティングはすべての従業員に，次のような発注に必要な情報の意味について共通認識を持たせることをねらいとして実施される。

　○先週と何が変わるかを確認する。たとえば，顧客の住む〔ア〕に必要な商品，〔イ〕の変化によるメニュー，陳列位置と陳列方法などである。

　○販売計画を検討して決定する場であり，〔ウ〕の選定理由を話し合う。

　○先週の「〔エ〕」の検証と問題解決方法を決定する場であり，選定変更や〔オ〕が発生していた商品（単品）の対策を決める。

〈語　群〉
①仮説　　　②チラシ広告　　　③欠品
④商圏　　　⑤気温　　　　　　⑥スポット商品
⑦プロモーション　　　　⑧地域行事
⑨キャッシュフロー　　　⑩重点販売商品

POINT!! ▶ 解説

　上問に類似した問題は第42回販売士検定試験で出題された。販売士検定試験では，過去に出題された箇所が再度出題される可能性が高いので，よくチェックしておこう。なお，販売士検定試験では，上文中の「共通認識」，〔ウ〕の「重点販売商品」，〔エ〕の「仮説」の箇所が空欄として出題された。

　なお，上文の主旨は，発注ミーティングで，「先週と何が変わるかを確認する」「重点販売商品の選定理由を話し合う」「先週の仮説の検証と問題解決方法を決定する」ということである。

正解　□ ア⑧　□ イ⑤　□ ウ⑩　□ エ①　□ オ③

実力養成 問 題	発注支援システムの目的とねらい（1）

□ 次のア〜オは，発注支援システムと発注の仮説に関して述べたものである。正しいものには1を，誤っているものには2を記入しなさい。

ア　発注支援システムの目的は，本部からの情報を活用し，仮説にもとづいた的確な発注を各店舗において行うことにある。

イ　発注の仮説を立てる際のポイントは，さまざまな情報から，顧客が商品を買う理由を想定することである。

ウ　顧客が商品を買う理由について仮説を立てる場合，来店する顧客全員に「なぜ，この商品を買うのか」について質問する必要がある。

エ　発注の仮説を立てる際に重要な情報としては，自店の顧客情報，顧客の生活情報，与件（天候，気温など），商品の特性などがある。

オ　発注の仮説を立てる際の情報は，ディスプレイの方法や組み合わせ販売などに応用することはできない。

POINT!! 解説

ア：発注支援システムとは，チェーンストアの本部がさまざまな情報を各店舗に発信することで，各店舗の日々の発注を支援するシステムのことをいう。

イ：発注するためには，店頭の商品が売れる必要があり，そのためには，顧客が商品を買う理由を正確に把握する必要がある。顧客は無駄な支出はしないので，商品を買う主な理由は顧客のライフスタイルにあるといえる。

ウ：現実問題として，来店した顧客全員に，「あなたがこの商品を買うとしたら，その理由は何ですか」と質問するわけにはいかない。よって，さまざまな情報から顧客がその商品を買う理由を想定して，商品の仕入量を決定するしかない。そして，実際にその商品を販売してみると，顧客の生活や商品を購入してくれる理由がわかることになる。また，その理由がわかることで店舗運営の方法を変えることもできる。

エ：ハンドブックでは，発注数量を左右させる情報として，次のものを挙げている。これについては一目すればよい。

　①自店の顧客情報
　　・来店頻度と居住地域（どこから，どのくらいの頻度で来店しているか）
　　・自店での買上商品（何を中心に購入されているか）
　②顧客の生活情報
　　・社会行事（立春，七夕，盆など）
　　・地域行事（入学式，春休み，プール開き，修学旅行など）
　　・家庭行事（誕生日，結婚記念日など）
　　・季節に関する料理
　　・流行や慣わし
　③与件（天候，気温など）
　　・天候（晴れ，曇りなど）　・気温（体感温度，暑い・寒いなど）
　④商品の特性
　　・ライフサイクル（旬・季節商品，新商品・主力商品・衰退商品など）
　　・食べ方（料理材料，素材など）
　　・鮮度（家庭でストックする・しない）
　⑤商品の売り方
　　・売価（最寄品であれば，継続的に購入できるような売価を主体としているか）
　　・陳列位置（顧客導線上から目立つかどうか，売りたい商品を顧客の手の届く位置・高さに陳列しているか）
　　・フェイシング（売れ筋商品ほど，フェイス数を増やしているか）
　　・チラシ広告，クーポン券，関連販売，試食
　　・売切り　　　・ディスプレイパターン

オ：発注の仮説を立てる際の情報，たとえば，顧客が商品を買う理由がわかれば，それにもとづきディスプレイの方法を工夫できるし，どの商品と組み合わせ販売すればよいかなどもわかる。つまり，効果的な方法で売場展開ができることになる。また，顧客の生活がわかれば，たとえば，地域社会の行事で必要とする関連販売商品についても同様に，販売計画に盛り込むことができる。

正解　□ア 1　□イ 1　□ウ 2　□エ 1　□オ 2

第1章

第2章

第3章

第4章

第5章

模擬テスト

実力養成問題 発注支援システムの目的とねらい (2)

□ 次のア〜オは，サブカテゴリーの設定による発注情報への活用に関する記述である。正しいものには1を，誤っているものには2を記入しなさい。

ア テレビの情報番組でヨーグルトの効能が報道されても，売場でそのことを強く宣伝などしないことには，ヨーグルトの販売量は一気に増加しない。

イ テレビの情報番組の影響は大きいが，中でも，最近は健康志向が高まったことから，食べ方を含めたテレビの情報番組が注目されている。

ウ テレビ番組である食品に関する情報が流されたときには，すぐに，その食品のPOP広告をつけるとともに，商品の陳列スペースを拡大する必要がある。

エ 食品業界などでは1つの品種の中に多くの品目が含まれることから，品種をさらにサブ品種へと落とし込み，それらを単位としてマネジメントしている。

オ テレビ番組で食品などに関する情報が発信されたときは，主任クラスの上司と話し合い，売り込む食品を絞り込み，その商品のフェイシング数を拡大する必要がある。

POINT!! 解説

ア：下図「Z店のヨーグルトカテゴリー「フルーツミックスヨーグルト」週別販売数量の推移（移動平均）」を見てもらいたい。本年の第1週の販売量が昨年対比で約185%（数量）であったことを示しているが，本年の第1週はテレビの情報番組でヨーグルトの効能が報道された週であったということである。

つまり，テレビで「ヨーグルトの効能」などが取りあげられると，売場の対応に関係なく，報道されたその日からヨーグルトの販売量は一気に増加することになる。ただし，販売増加はいつまでも続くことはなく，図にも示されてあるように，第2週目から販売量は減少していく。

図　Ｚ店のヨーグルトカテゴリー「フルーツミックスヨーグルト」
週別販売数量の推移（移動平均）

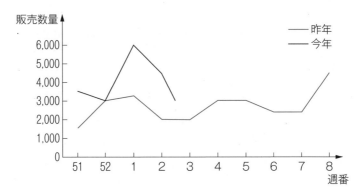

出所：『販売士ハンドブック（発展編）』

　　数年前に，テレビ番組でバナナの効能が流されると，その日の夜にスー
　パーからバナナがなくなるという出来事が発生した。それからしばらくの
　間，バナナの売れ行きは好調であったが，数週間すると元にもどった。
イ：例えば，減量の仕方にもいろいろあり，中には真逆のことを主張してい
　　る番組もよくあるが，視聴者は熱心に観ている。それだけテレビの情報番
　　組は注目されている。
ウ：テレビ番組の影響はすこぶる大きいので，効能がわかる POP 広告をつ
　　けるとよい。また，売上増は確実なので，陳列スペースを拡大する必要が
　　ある。そうしないと，機会損失(売り逃し)が発生する。
エ：例えば，「フルーツミックスヨーグルト」「アロエヨーグルト」「ブルーベ
　　リーヨーグルト」などは，商品カテゴリー（品種単位）の購買需要を伸ばす
　　ための商品細分化戦略としてのサブカテゴリー設定である。このサブカテ
　　ゴリーは，通常の品種よりもさらに一段階，細分化した商品分類の単位で
　　ある。
オ：売り込む商品を絞り込むという点が重要である。

正解　□ ア 2 　□ イ 1 　□ ウ 1 　□ エ 1 　□ オ 1

第1章

第2章

第3章

第4章

第5章

模擬テスト

実力養成 問題　発注支援システムの目的とねらい（3）

□　次のア～オは，表「A店の第1週「ほうとううどん」販売実績」
　と図「A店の「ほうとううどん」週別販売実績」に関して述べた
　ものである。正しいものには1を，誤っているものには2を記入
　しなさい。

　ア　表「A店の第1週「ほうとううどん」販売実績」から，本年の第
　　　1週の販売数量は先週のそれより約1割減少したことがわか
　　　る。

　イ　表「A店の第1週「ほうとううどん」販売実績」から，本年の第
　　　1週の週半ば以降には値下が多発し，全般的に計画数量（発注
　　　数量）が多かったことがわかる。

　ウ　図「A店の「ほうとううどん」週別販売実績」から，「ほうとう
　　　うどん」の販売量は落ちていると判断するべきである。

　エ　昨年第5週の「ほうとううどん」の販売数量は，昨年第50週
　　　のそれの約2分の1である。

　オ　表「A店の第1週「ほうとううどん」販売実績」から，本年の第
　　　1週の値下数量と廃棄数量は，ともに先週よりも5倍以上に増
　　　えていることがわかる。

表　A店の第1週「ほうとううどん」販売実績

20××年	曜日	計画数量	値下数量	廃棄数量	最終販売時刻	販売数量	販売金額（円）
先週実績			34	5		523	c) 48,888
2/16	月	70	3	1	20:40	42	4,067
2/17	火	60	16	5	21:14	31	2,300
2/18	水	50	19	16	20:50	37	2,839
2/19	木	50	25	4	21:40	49	3,897
2/20	金	50	27	2	21:08	51	4,858
2/21	土	70	71	0	21:38	107	10,156
2/22	日	80	0	0	20:08	93	9,114
第1週計		430	161	28		410	c) 37,231

図　A店の「ほうとううどん」週別販売実績

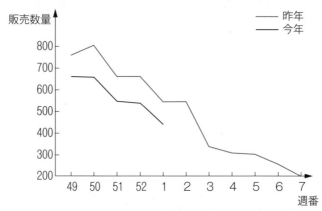

ア：表「A店の第1週「ほうとううどん」販売実績」を見ると，本年第1週計の
　　販売数量は 410。一方，先週実績の販売数量は 523。したがって，求める
　　ものは，(523 − 410)÷ 523 ≒ 0.216
　　　つまり，本年の第1週の販売数量は先週のそれより約2割減少している
　　ことになる。

イ：値下数量を見ると，2/18(水)→ 19，2/19(木)→ 25，2/20(金)→ 27，
　　2/21(土)→ 71。一方，販売数量は，2/18(水)→ 37，2/19(木)→ 49，
　　2/20(金)→ 51，2/21(土)→ 107。
　　　つまり，販売数量の割に，値下数量が多いことがわかる。ということは，
　　全般的に，計画数量(発注数量)が多いということである。

ウ：週別販売実績を前年と比較し，前年に比べて販売実績が数週間にわたっ
　　て低下している場合，その商品の販売数量は落ちていると判断したほうが
　　よい。

エ：昨年第5週の販売数量は約 300，一方，昨年第 50 週の販売数量は約
　　800。よって，300 ÷ 800 = 0.375　つまり，約 37.5%である。

オ：本年第1週の値下数量は 161，廃棄数量は 28。一方，先週の値下数量
　　は 34，廃棄数量は 5。よって，161 ÷ 34 = 4.7，28 ÷ 5 = 5.6
　　　つまり，値下数量は5倍以上に増えてはいない。

正解　☐ ア 2　☐ イ 1　☐ ウ 1　☐ エ 2　☐ オ 2

実力養成 問題 発注支援システムによる発注業務のフロー（1）

□ 次の文中の〔 〕の部分に，下記の語群のうち最も適当なものを選びなさい。

　　的確な発注を行うためには，次のような作業フローを遵守しなければならない。

　　その第1は，〔ア〕トレンドの確認である。なぜなら，〔ア〕の販売トレンドからは品目レベルに近づいた実績を読み取ることができる。第2は，〔イ〕の確認である。これに関連する重点販売商品を思い起こし，それを〔ウ〕などの方法で提案する。

　　第3は，〔エ〕の確認である。これについては，販売計画書などで確認する。第4は，〔オ〕の起案である。これは先週の実績をもとに起案することが基本で，販売促進を実施する場合には必ず発注数量の修正を行う。

〈語　群〉
①商品特性　　　　②販売計画数　　　　③フェイシング
④売上予算（日割）⑤サブカテゴリー　　⑥季節の変化
⑦クロスマーチャンダイジング　　　　　⑧天候
⑨インストアマーチャンダイジング　　　⑩地域行事

POINT!! 解説

　　ハンドブックでは，的確な発注を行うためには，次の作業フローを遵守しなければならないとしている。
　　①サブカテゴリートレンドの確認
　　②地域行事の確認
　　③売上予算（日割）の確認
　　④販売計画数の起案
ウ：「これに関連する重点販売商品を思い起こし」から，「クロスマーチャンダイジング」が入る。

正解　□ ア ⑤　□ イ ⑩　□ ウ ⑦　□ エ ④　□ オ ②

□ 次のア〜オは，販売計画数の起案方法のポイントに関する記述である。正しいものには1を，誤っているものには2を記入しなさい。

ア　先週の最終販売時刻を見て欠品が予想される場合は，販売予定数量を増やす。

イ　サブカテゴリーの販売トレンドグラフが低下傾向にあるとき，その商品の販売数量が低下傾向にあると考える。

ウ　先週の客数の実績よりも増減が予想される場合，客数に合わせて販売予定数量を加減する必要はない。

エ　寒い時期になると，その時期に適した商品の売れ行きがよくなるから，その商品の販売予定数量を増やす必要がある。

オ　サブカテゴリーの販売数は，チラシ広告，日替わり特売，そして特殊な社会行事がない限り，急激で大幅な変化はほとんどないと考える。

POINT!! 解説

ハンドブックでは，販売計画数の起案方法のポイントとして，次のことを挙げている。

①先週の実績をもとに日別の販売予定数を入力する。

②販売促進(スポット販売・チラシ広告・マネキンによる試売など)を実施する場合は必ず修正する。

③地域行事にかかわる商品が充実しているかを確認する。

④商品トレンドにかかわる商品があるかを確認する。

⑤サブカテゴリーの数字を確認する。

ア：最終販売時刻を見て，その時刻が毎日早い場合には欠品が起きていると予想できる。したがって，販売予定数量を増やす必要がある。

また，これとは反対に，先週の売価変更額を見て，値下や廃棄が発生していると考えられる場合には，販売予定数量を減らす必要がある。

イ：P54 のウの解説において，「週別販売実績を前年と比較し，前年に比べて販売実績が数週間にわたって低下している場合，その商品の販売数量は落ちていると判断したほうがよい」と述べた。なぜなら，前年と比較しているわけだから，ここには季節の変化による需要の増減という要因はなくなる。したがって，「数週間にわたり低下している」ので，これは「その商品自体に売上減の原因がある」と判断できることになる。

　　ところが本問の場合，「販売トレンドグラフが低下傾向にあるということで，即，その原因はその商品自体の売上減にある」と考えている。したがって，「誤り」となる。売上の減少傾向の原因としては，季節の変化のほかに，他の原因（販売促進の程度，社会行事など）が考えられる。

ウ：客数が先週に比べ，増加するならば，売上高は必然的に増加することになる。したがって，販売予定数量を増やす必要がある。

エ：気温が高くなれば，売れ行きが増加する商品もあれば，反対に，売れ行きが減少する商品もある。気温が低くなるときについても，同じことがいえる。つまり，天気予報を活用する必要がある。

オ：同じ条件で販売される場合，サブカテゴリーの販売数は急激に変化することはほとんどない。したがって，先週においてサブカテゴリーの販売数に目立った変化はないかを確認すれば，今週のサブカテゴリーの販売数は先週並みと予測がつく。

②の「販売促進（スポット販売・チラシ広告・マネキンによる試売など）を実施する場合は必ず修正する」とは，今週，チラシ広告などで販売促進を行う場合，今週の販売予定数量は先週より増やす必要があるということである。

　　③の「地域行事にかかわる商品が充実しているかを確認する」とは，地域行事がある場合，それと関連する重点販売商品の販売数量は増加が予測されるので，それが在庫としてあるかを確認するということである。

正解 ☐ ア 1　☐ イ 2　☐ ウ 2　☐ エ 1　☐ オ 1

□ 次の文中の〔 〕の部分に，下記の語群のうち最も適当なものを選びなさい。

今日は7月5日(月)で，Y商品の発注日である。本日(7/5)朝のY商品の在庫数量は42枚で，最低陳列数量は調査の結果，18枚である。

発注サイクルは7日間であるため，今日発注すれば，次の発注日は7月〔ア〕日になる。発注リードタイムは4日間であるため，月曜日(7/5)に発注すれば7月〔イ〕日の朝に入荷し，同日の午前中には販売が可能である。なお，2週間前からのY商品の曜日別販売実績は下表の通りである。

表　Y商品の曜日別の売れ行き動向

月日	曜日	販売数量	月日	曜日	販売数量
6/20	日	6	7/4	日	6
21	月	4	5	月	(5)
22	火	3	6	火	(4)
23	水	7	7	水	(5)
24	木	8	8	木	(7)
25	金	4	9	金	(4)
26	土	6	10	土	(5)
27	日	5	11	日	(8)
28	月	3	12	月	(7)
29	火	6	13	火	(6)
30	水	5	14	水	(8)
7/1	木	8	15	木	(5)
2	金	7	16	金	(6)
3	土	5	17	土	(7)

注1：( )内の数字は，その日に売れると予測した販売数量である。
注2：発注した商品の入荷は必ず朝であり，開店までに間に合うものとする。

上表より，7月5日(月)に発注した商品が入荷するまでに売れると予測した数量は〔ウ〕枚である。また，7月5日に発注した商

第1章

第2章

第3章

第4章

第5章

模擬テスト

品の入荷日から，次の入荷日までに売るべき計画数量は〔エ〕枚である。

　以上より，7月5日の発注数量は〔オ〕枚になる。

〈語　群〉

① 8　　　② 9　　　③ 11　　　④ 12

⑤ 20　　⑥ 21　　⑦ 38　　⑧ 40

⑨ 41　　⑩ 43

POINT!! 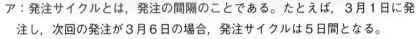 解説

ア：発注サイクルとは，発注の間隔のことである。たとえば，3月1日に発注し，次回の発注が3月6日の場合，発注サイクルは5日間となる。

　　7月5日(月)に発注し，発注サイクルが7日間の場合，次回の発注日は7月12日(月)となる。

イ：発注リードタイムとは，発注から入荷までの期間のことで，日数で表される。7月5日(月)に発注し，発注リードタイムが4日間の場合，入荷は7月9日(金)となる。

ウ：7月5日に発注した商品が，入荷するのは7月9日である。しかし，入荷は7月9日の朝であるので，入荷までに売れる商品の量は7月8日(木)までに売れると予測した数量である。与えられた表より，

　　7月5日→5枚，6日→4枚，7日→5枚，8日→7枚

　　したがって，求める数量＝5＋4＋5＋7＝21（枚）

　　〔ウ〕には⑥が入る。

エ：7月5日(月)に発注した商品の入荷日は7月9日(金)である。したがって，次の入荷日は発注サイクルが7日間であるので，7月16日(金)となる。ただし，入荷は7月16日(金)の朝であるので，入荷日までに売るべき計画数量の対象となるのは7月15日(木)までである。与えられた表より，

　　7月9日→4枚，10日→5枚，11日→8枚，12日→7枚

　　　13日→6枚，14日→8枚，15日→5枚

　　したがって，求める数量＝4＋5＋8＋7＋6＋8＋5＝43（枚）

　　〔エ〕には⑩が入る。

オ：

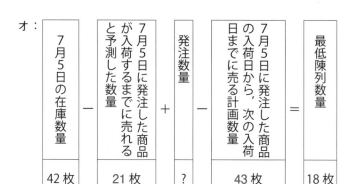

7月5日の在庫数量	−	7月5日に発注した商品が入荷するまでに売れると予測した数量	+	発注数量	−	7月5日に発注した商品の入荷日から，次の入荷日までに売る計画数量	=	最低陳列数量
42枚		21枚		?		43枚		18枚

上図より，発注数量を x（枚）とすると，次式が成立する。

$$42 - 21 + x - 43 = 18$$
$$x = 18 - 42 + 21 + 43$$
$$= 40（枚）$$

したがって，〔オ〕には⑧が入る。

以上を整理すると

「現在の在庫数量」−「今日，発注した商品が入荷するまでに売れると予測した数量」＋「発注数量」−「今日，発注した商品の入荷日から，次の入荷日までに売る計画数量」＝「最低陳列数量」

「発注数量」＝「今日，発注した商品が入荷するまでに売れると予測した数量」＋「今日，発注した商品の入荷日から，次の入荷日までに売る計画数量」−「現在の在庫数量」＋「最低陳列数量」

なお，ハンドブックでは，上式を次のように変形している。

発注数量＝（発注サイクル＋発注リードタイム）×１日当たり販売数量
　　　　　−現在の在庫数量＋最低陳列数量

上記に数字をあてはめると，

$$発注数量 = (7 + 4) \times \left(\frac{21 + 43}{7 + 4} \right) - 42 + 18 = 40（枚）$$

正解　□ ア ④　□ イ ②　□ ウ ⑥　□ エ ⑩　□ オ ⑧

実力養成問題　発注業務の留意点

□ 次のア～オは，効果的な発注を阻害する要因である。これらに最も関係の深いものを下から選びなさい。

ア　売場の在庫数量が不明
イ　定番カット商品の処理が行われていない
ウ　棚ラベルがついていない
エ　商品の販売動向がつかめていない
オ　新規導入商品の陳列が指示どおりに行われていない

A　段ボールに入っている商品が何かわからない，特殊商品と定番商品が一目でわからない。
B　これから売れなくなる商品がわからない，定番商品で平均的に売れている商品がわからない。
C　入り数，適正在庫などの変更が行われていない。
D　棚割表にもとづき仕切板を使ってフェイス管理を行い，しかも数えやすいように整理する。
E　バーコードの右をマーカーで1ミリほど縦に塗る。
F　一般に商品部から商品連絡表が送信される。
G　欠品した時，そのスペースに何が入っていたかわからない。

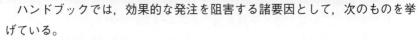

POINT!! ▶ 解説

　ハンドブックでは，効果的な発注を阻害する諸要因として，次のものを挙げている。

①在庫の未整備
②バックヤードの在庫数量が不明
③売場の在庫数量が不明
④定番カット商品の処理が行われていない
⑤新規導入商品の陳列が指示どおりに行われていない
⑥棚ラベルがついていない

⑦棚ラベルの訂正が指示どおりに行われていない

⑧販売計画が立てられない

⑨地域行事や催事を把握していない

⑩商品の販売動向がつかめていない

ア：売場において，決められた商品のスペースに他の商品が混じったりすると売場の在庫数量が不明になるので，仕切板を使い，フェイス管理することが肝要となる。

イ：定番カット商品の場合，バーコードの右をマーカーで１ミリ程度縦に塗ることが多い。カット商品を決められたスケジュールで処理しないと，カット商品が在庫として残り，新商品を入れることができなくなる。

ウ：棚ラベルがついていないと，欠品した時，そのスペースに何が入っていたかわからなくなってしまう。

エ：商品の販売動向がつかめなくなる理由として，ハンドブックは次のものを挙げている。

　　・季節商品の販売動向がつかめない

　　・販売数量がわからない

　　・これから売る商品がわからない

　　・これから売れなくなる商品がわからない

　　・定番商品で平均的に売れている商品がわからない

オ：新規導入商品の導入時期，陳列場所についての通達は一般に，商品部から商品連絡表が送信されるので，それにもとづいて期間陳列の変更を実施しなくてはならない。

　　Ａの記述は「在庫の未整備」に関するものである。バックヤード内の在庫整理ができていないと，在庫を調べるのに時間がかかる。

　　Ｃの記述は「棚ラベルの訂正が指示どおりに行われていない」ことに関するものである。棚ラベルがついていても，入り数，適正在庫などの変更がなされていないと，欠品あるいは過剰在庫が発生することになる。

正　解 □ア D　□イ E　□ウ G　□エ B　□オ F

実力養成問題　店舗経営へのデータ活用の実際（1）

□ 次の文中の〔　〕の部分に，下記の語群のうち最も適当なものを選びなさい。

売場におけるデータ活用のレベルは，次の4段階に整理できる。

レベル1は，データで，売場で発生する売上高，〔ア〕などのPOSデータから得られる事象である。

レベル2は〔イ〕で，男子通学用シューズの52週別売上高などの，あるテーマで括られたデータ群，いわゆる〔ウ〕である。

レベル3は〔エ〕で，男子通学用シューズは従来の黒色が定番となっているなどの，〔イ〕をまとめて1つのハウツーにしたものである。

レベル4は〔オ〕で，新入学高校生にお勧めの25.5センチと26センチで黒を中心に品ぞろえするなどの，〔エ〕を活用して体内化したものである。

〈語　群〉
①情報　②知識　③確認
④精度　⑤経常利益　⑥データマイニング
⑦知恵　⑧整理　⑨販売数量
⑩データベース

POINT!!　解説

売場で発生する事象，すなわち売上高，売上数量，客数などはPOSデータにより把握できる。しかし，それにとどまるのではなく，それらのデータをもとにデータベースを作ることで，次のレベルに高めることができる。これが，売場におけるデータの活用である。

下表を見てわかるように，売場におけるデータ活用の第1段階，つまりレベル1は「データ」の集積である。これはPOSデータにより容易に得ることができる。なお，レベル1は売場で発生する事象であるので，〔ア〕には販売数量が入る。「経常利益」は多くのデータを整理することにより，計算できるものである。

表　データ活用のレベル

レベル1 〈データ〉	売場で発生する事象（量と精度の把握が重要） 　売上高，販売数量，一点単価，客数など……POSデータ 例）・男子通学用シューズの第1週の売上高・販売数量
レベル2 〈情報〉	あるテーマ（考え）で括られたデータ群（一般的にデータベース） 例）・男子通学用シューズの52週別売上高・販売数量→POSデータ 　　・週間男子通学用シューズの売上ベスト30SKU→POSデータ 　　・A高等学校の入学式の日付→地域情報 　　・A高等学校の靴学校指定項目→地域情報
レベル3 〈知識〉	情報をまとめて1つのハウツーにしたもの 例）・男子通学用シューズは高校の入学式の約2週間前がピークである。 　　・男子通学用シューズは，従来の黒色が定番となっている。 　　・よく売れるサイズは，25.5センチや26センチである。
レベル4 〈知恵〉	知識を活用して体内化したもの 例）・新入学高校生にお勧めの25.5センチと26センチで黒を中心に品ぞろえする。 　　・テレビで有名な「○○○○○」を拡販するために売場で販促ビデオを放映する。 　　・入学式の日程や靴の高校指定を一覧表にして，売場で表示する。 　　・学校指定の靴を実際にディスプレイし，POP広告を添付して展示販売する。

出所：『販売士ハンドブック（発展編）』

　レベル2は「情報」の収集である。これは多くの「データ」をあるテーマでたばねたデータ群のことで，一般にいうデータベースである。したがって，〔イ〕には「情報」，〔ウ〕には「データベース」が入る。

　レベル3では，「知識」を得る。情報をまとめることで，ある事柄について明確な認識をし，1つのハウツーを得ることになる。したがって，〔エ〕には「知識」が入る。

　レベル4では「知恵」を得る。知識を活用することで，全体を把握し，現実に対し，より効果的に対処できることになる。したがって，〔オ〕には「知恵」が入る。

　レベル1のデータ，レベル2の情報，レベル3の知識，レベル4の知恵は丸覚えしておく必要がある。

正解	□ ア ⑨	□ イ ①	□ ウ ⑩	□ エ ②	□ オ ⑦

実力養成問題　店舗経営へのデータ活用の実際（2）

□ 次のア～オは，POS データの性格と活用に関して述べたものである。正しいものには1を，誤っているものには2を記入しなさい。

ア　POS データは，正確に販売の事実を記録するが，品ぞろえされていない商品については把握できない。

イ　POS データから，売れている理由はもちろんのこと，売れない理由についてもわかる。

ウ　POS データにより把握可能なのは，売上となった商品がどれで，売上とならなかった商品がどれであるということである。

エ　POS データにより推測が不可能なのは，売場における欠品による機会損失である。

オ　POS データから単品の販売動向は把握できるものの，単品別のデータから今後発注量を増やすか減らすかなどの意思決定は販売員が行うしかない。

POINT!! ▶解説

ア：POS データは，正確に販売の事実を記録するが，品ぞろえされた商品しか販売の状況を把握できない。したがって，品ぞろえされていない商品については販売の状況は把握できない。

イ：POS データからは，売れている理由はわからないし，売れない理由もわからない。わかることは，"いつ，どこで，どの商品が何個売れた"などの事実だけである。

　　図1は，カテゴリー別・週別売上数の推移を示したものである。体育ウェアが昨年の第4週において 113，第5週において 204，第6週において 162，第7週において 309，第8週において 151，それぞれ売れているので，今年の売れ行きも昨年と同様，第4週の頃から売上数が増加し，第7週頃に売上数がピークに達すると推測できる。そして，どうして第7週頃に体育ウェアがよく売れるのかを調べてみると，その週が新入学の時期であることがわかる。このように，カテゴリー別に時系列のデータを活用することにより，ある時期にその商品が売れる理由，あるいは，売れなくなる理

図1　カテゴリー別・週別販売数量推移表

百貨店 A 店：子供衣料

カテゴリー 販売数量		1週	2週	3週	4週	5週	6週	7週	8週	9週	10週	11週
05 体育ウェア	昨年	59	61	57	113	204	162	309	151	67	57	39
	本年	94	90									

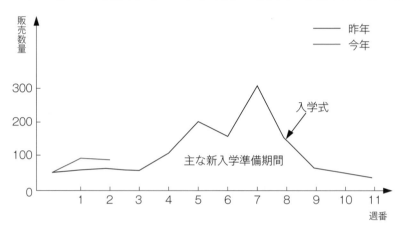

※「体育ウェア」は，例年第7週目が年間ピークとなる。A店では，昨年，第7週だけで309着が売れた。ちなみに，年間の第2ピークは第28週で，228着売れている。

図2　POS データの活用範囲

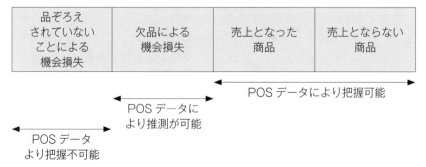

出所：『販売士ハンドブック（発展編）』

由がわかる。

　したがって，POS データからでは，その商品が売れている理由，あるいは売れない理由はわからない。ただし，時系列のデータを活用することにより，売れている商品について，どの時期に商品がよく売れるか，反対に，売れないか，の理由をつかむことはできる。

ウとエ：図2に示されるように，POS データにより把握可能なことは，売上となった商品と，売上とならなかった商品である。

　POS データにより推測が可能なことは，売場において，どの商品が欠品による機会損失になるかである。なぜなら，POS システムには単品別の在庫量がインプットされているので，売上状況から，どの商品がいつ頃欠品（品切れ）になるかは容易に推測できる。

　POS データにより把握が不可能なことは，売場に品ぞろえされていないことによる機会損失である。売場の販売員は顧客の問い合わせにより，品ぞろえされていないことによる機会損失は把握できるが，POS データからは把握できない。

オ：売れ筋商品であっても，今後，その発注量を増加させるか，現状維持か，それとも減らすかについての意思決定は販売員が行うほかない。POS システムは意思決定はできない。

　これは死に筋商品についてもいえることで，即座に売場から取り除くか，それとも，売り方を変えてしばらく様子を見るかについての意思決定も，販売員が行うほかない。

第1章

第2章

第3章

第4章

第5章

模擬テスト

正　解　□ ア 1　□ イ 2　□ ウ 1　□ エ 2　□ オ 1

□ 次のア〜オは，売場におけるデータ活用のための資料の名称である。これに最も関係の深いものを下から選びなさい。

　　ア　欠品報告レポート
　　イ　SKU 別他店舗比較売上ベスト 50
　　ウ　発注支援システム書
　　エ　単品別時間帯別販売履歴
　　オ　不要不振在庫商品一覧

①ペリシャブル商品を対象に，特に夕方に売れる商品をチェックし，夕方の強化商品の販売数量を把握する。

②ステープル商品を対象に，他店舗では売れ筋であるにもかかわらず，自店で欠落している商品をチェックする。

③ファッション商品を対象に，販売計画と実績の差異を把握し，原因などを検討することで，成長カテゴリーの追加拡大，不振カテゴリーの縮小を指示する。

④ステープル商品を対象に，ゴンドラにある在庫ゼロ商品の原因追究と対策を立て，再発の防止に活用する。

⑤ファッション商品を対象に，週に1回，曜日を決めて出力し，カテゴリー単位で不振商品をチェックする。

⑥ペリシャブル商品を対象に，週報の曜日別過去2週間の売上数とコーザル要因を検討し，発注数，平均販売単価や値下などを決定する。

⑦ステープル商品を対象に，売れ筋商品を把握し，確実に補充発注できる。

⑧ファッション商品を対象に，発注に必要な SKU に絞り込まれて出力され，売れない SKU の発注を防止する。

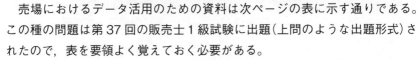

POINT!! 解説

売場におけるデータ活用のための資料は次ページの表に示す通りである。この種の問題は第37回の販売士1級試験に出題（上問のような出題形式）されたので，表を要領よく覚えておく必要がある。

また，売場におけるデータ活用のための資料に関する問題は第40回の販売士1級試験でも出題された。このときは空欄補充形式で出題され，内容は「欠品報告レポート」「死に筋チェックリスト」「単品別時間帯別販売履歴」に関するものであった。今後も出題される可能性があるので，要チェックの1つといえよう。

ポイントは，対象商品別に活用データを覚えておくことである。

○ファッション商品対象……カテゴリー別他店舗比較売上ベスト50，カテゴリー別ライフサイクル分析リスト，週別カテゴリートレンド，不要不振在庫商品一覧，衣料発注支援リスト

○ステープル商品（定番商品）対象……SKU別他店舗比較売上ベスト50，発注勧告書，発注支援システム書，欠品報告レポート，死に筋チェックリスト，単品情報検索リスト

○ペリシャブル商品（生鮮食料品）対象……単品別時間帯別販売履歴，生鮮単品売価変更（週報）

なお，「カテゴリー別・週別販売数量（高）推移表（年間）」はファッション商品，ステープル商品，生鮮食料品のすべてを対象とし，活用できるものである。

正解 　□ ア④　□ イ②　□ ウ⑦　□ エ①　□ オ⑤

表　データ活用のための資料一覧

	名　称	対象商品	内容・利用方法
①	カテゴリー別・週別販売数量推移表（年間）	ファッション商品 ステープル商品 生鮮食料品	1．カテゴリー別に販売動向を把握し，販売計画を立案する。 2．カテゴリーの販売動向を把握し，売場ごとの拡縮計画を立案する。 3．重点カテゴリーの販売計画・在庫計画を作成する。
②	カテゴリー別他店舗比較売上ベスト50	ファッション商品	1．自店でのカテゴリー別売れ筋商品の把握と同時に，他店舗の販売動向を確認する。 2．他店舗では売れ筋であるのに，自店では欠落している商品を確認する。 3．自店での状況をチェックし，販売方法・販売スペース・在庫数量の変更を実施する。
③	カテゴリー別ライフサイクル分析リスト	ファッション商品	1．カテゴリー別に売上高のピーク週や在庫のピーク週を把握する。 2．発注や売場の拡縮計画に活用する。 3．成長カテゴリーでの売上高と在庫バランスから，在庫の拡大を検討する。
④	週別カテゴリートレンド	ファッション商品	1．昨年度の実績，前月度の実績，今月度の計画から事前に週別の計画数値を入力する。 2．計画と実績の差異を把握し，原因の解明と改善案について検討する。 3．発注ミーティングで今後のカテゴリー動向を検討し，成長カテゴリーの追加拡大，不振カテゴリーの縮小を指示，実施する。
⑤	不要不振在庫商品一覧	ファッション商品	1．毎週火曜日などに出力し，**カテゴリー単位で不振商品のチェックを実施する。** 2．スポット商品については，店舗で処分を決定する（入荷8週間で売り切る）。
⑥	衣料発注支援リスト	ファッション商品	1．売れ筋商品の確実な発注ができ，販売機会損失が削減できる。 2．発注に必要な単品（SKU）に絞り込まれて出力され，売れないSKUの発注を防ぐ。 3．契約数切れが発生している商品を，タイムリーに把握する。
⑦	SKU別他店舗比較売上ベスト50	ステープル商品	1．自店でのカテゴリー別売れ筋商品の把握と同時に，他店舗の販売状況を確認する。 2．他店舗では売れ筋商品であるのに，自店では欠落している商品を確認する。 3．自店での状況をチェックし，販売方法・販売スペース・在庫数量の変更を実施する。

	名　称	対象商品	内容・利用方法
⑧	発注勧告書	ステープル商品	1. 発注モレの防止，発注単位以上売れたら発注勧告書に出力される。 2. 過剰在庫の防止，商品回転率の改善。 3. 発注作業の標準化。
⑨	発注支援システム書	ステープル商品	1. 売れ筋商品が把握でき，確実に補充発注できる。 2. 発注時に，**過去3週の販売数量を確認して，発注作業をする。** 3. 発注作業の運用方法を統一化，標準化する。
⑩	欠品報告レポート	ステープル商品	1. **ゴンドラにある在庫ゼロ商品の原因追及と対策を立案し，再発を防止する。** 2. 発注勧告での発注の前作業として，欠品しそうな商品を事前に調査し，勧告書に強制的に掲載させて発注モレを防止する。
⑪	死に筋チェックリスト	ステープル商品	1. カテゴリー別に設定された，たとえば，30・60・90日未売上などの基準にしたがって，見切り処分をすることで，有効在庫比率の向上・**商品回転率の改善を目指す。** 2. 在庫なし商品の在庫「0」報告により，在庫データの精度向上をはかる。 3. 在庫のない商品をPOSマスターから削除して，マスター整備をする。
⑫	単品情報検索リスト	ステープル商品	1. 単品別・クラス別に週間売上や月間売上の条件設定ができる。たとえば，**週間3個以上の販売実績があるすべての単品を出力する。** 2. 目的に応じた商品情報を出力し，売場や商品の改善に利用する。
⑬	単品別時間帯別販売履歴	ペリシャブル商品（生鮮食料品）	1. 時間帯別，特に夕刻に売れている商品の確認をする 2. 夕刻強化商品の販売数量を把握する。 3. **時間帯別製造計画の変更とレイアウト変更を実施する。**
⑭	生鮮単品売価変更（週報）	ペリシャブル商品（生鮮食料品）	1. 売価変更ワーストアイテムの発注計画をウイークリーの作業として実施する。 2. 週報の曜日別過去2週間の売上数とコーザル要因（天候・気温・催事・競争店状況など）を検討して発注数を決定する。その際，平均販売単価や値下・廃棄数値を考え合わせて決定する。

出所：『販売士ハンドブック（発展編）』

> 　次の各問の〔　　　〕の部分にあてはまる最も適当な語句・短文を記入しなさい。

① チェーンストアにおける発注業務は店舗での〔　ア　〕の決定から始まる。つまり，地域の顧客のニーズや欲求に対応した店舗の〔　イ　〕とは，どのような構成かを決定する。

ア	イ

② 事前準備に続く，販売主任，正社員，パートタイマーのすべてが参加する〔　　　〕は，先週の「仮説」の検証と問題解決方法を決定する場でもあり，選定変更や欠品が発生していた商品（単品）の対策を決める。

③ 〔　　　〕とは，チェーンストアの本部がさまざまな情報を各店舗に発信することで，各店舗の日々の発注を支援するシステムのことである。

④ 発注の仮説を設定するための情報には，さまざまなものがある。このうち，発注数量を左右する情報としては，自店の〔　ア　〕（来店頻度，自店での買上商品など），顧客の〔　イ　〕（社会行事，地域行事，家庭行事など），天候・気温に関する情報（晴れ・曇り，暑い・寒いなど），商品の特性に関する情報（商品のライフサイクル，鮮度など），商品の売り方に関する情報（売価，チラシ広告など）がある。

ア	イ

⑤ 〔　　　〕とは，通常の品種（カテゴリー）よりもさらに一段細分化した商品分類の単位のことである。

⑥ 的確な発注を行うために遵守すべき作業の手順は，まず第1に，〔 ア 〕トレンドの確認を行う。なぜなら，〔 ア 〕の販売トレンドは品目レベルに近づいた実績を読み取ることができる。第2に，〔 イ 〕の確認を行う。発注数量が変わると思われる〔 イ 〕がいつ行われるかの再確認を行う。

ア	イ

⑦ 販売計画数の起案方法のポイントはいくつかあるが，基本は，先週の〔 ア 〕をもとに日別の販売予定数を入力することである。たとえば，最終販売時刻から見て欠品が予想される場合，販売予定数量を〔 イ 〕。

ア	イ

⑧ 効果的な発注を阻害する要因として，「在庫の未整備」「バックヤードの在庫数量の不明」「売場の在庫数量の不明」「〔 ア 〕商品の処理がされていない」「新規導入商品の陳列が指示どおりに行われていない」「〔 イ 〕がついていない」「販売計画が立てられない」などがある。

ア	イ

⑨ 売れ筋商品を把握する方法として，〔 ア 〕による管理方法がある。これは売場に陳列している商品の状態を見て，その売れ行き具合を知るという方法である。よく売れている商品の場合，売場での〔 イ 〕が過ぎると，必ず減り方が激しく，陳列状態も乱れている。

ア	イ

⑩ 売れ筋商品を把握する方法として，〔 ア 〕によって知る方法がある。これは売場に商品を補充する際，その〔 イ 〕によって売れ筋を把握するという方法である。

ア	イ

⑪ 今日は９月８日（火）で，Ｘ商品の発注日である。９月８日朝のＸ商品の在庫数量は29個で，最低陳列数量は調査の結果，14個である。

このとき，発注サイクルが８日間で，発注リードタイムが５日間の場合，９月８日の発注数量は〔　　　〕個となる。

なお，９月８日以降のＸ商品の売れ行き予測動向は下表の通りである。

表　Ｘ商品の曜日別の売れ行き予測動向

月日	曜日	販売数量	月日	曜日	販売数量
9/8	火	(3)	9/16	水	(3)
9	水	(3)	17	木	(2)
10	木	(7)	18	金	(6)
11	金	(2)	19	土	(7)
12	土	(5)	20	日	(5)
13	日	(2)	21	月	(4)
14	月	(5)	22	火	(6)
15	火	(4)	23	水	(3)

注１：（　）内の数字は，その日に売れると予測した販売数量である。
注２：発注した商品の入荷は必ず朝であり，開店までに間に合うものとする。

⑫ 売場におけるデータ活用のレベルは４つの段階に分けられる。レベル１はデータの段階，レベル２は情報の段階，レベル３は〔　ア　〕としてまとめた段階，レベル４は〔　イ　〕の段階である。

ア

イ

⑬　POS データは，〔　ア　〕ごとに販売の事実を正確に記録するが，当該店舗において〔　イ　〕の売れた分の事象しか把握できない。

ア	イ

⑭　POS データにより推測が可能なことは，売場において，どの商品が〔　ア　〕機会損失になるかということである。また，POS データにより把握が不可能なことは，売場において〔　イ　〕機会損失である。

ア	イ

⑮　データ活用のための資料はいくつがあるが，これらのうち〔　ア　〕は，カテゴリー別に設定された各種の基準にしたがって，見切り処分をすることで，有効在庫比率の向上・〔　イ　〕の改善をはかることを目指している。

ア	イ

⑯　〔　　〕は，時間帯別，特に夕刻に売れている商品をリストアップし，惣菜部門の時間帯別製造計画の変更とレイアウトの変更に活用することを狙いとしている。

⑰　〔　　〕は，ステープル商品（定番商品）を対象として，発注時に過去3週の販売数量を確認し，補充のための発注作業に役立てる。

⑱　〔　　〕は，ステープル商品（定番商品）を対象として，たとえば販売数量が週間3個以下の単品を出力し，死に筋商品を見つけ出すことなどに活用している。

①アー商品構成　　イー品ぞろえ

解説 具体的には，ターゲットの顧客が求める品種と品目(価格，規格，グレード，サイズなど)を決める。

「商品構成」と「品ぞろえ」は類義語であるので，文または文章の流れから，どちらが適当かを判断する必要がある。

②発注ミーティング

解説 このほかに，顧客の住む地域行事に必要となる商品，気温の変化によるメニュー，陳列位置と陳列方法など，「先週と何が変わるか」などについて確認がなされる。

③発注支援システム

解説 各店舗では，本部から発信された情報をもとに仮説を設定し，それにもとづいて発注を行う。

④アー顧客情報　　イー生活情報

解説 これらの情報を顧客の観点から把握して，発注に活かすことになるが，その際に必要なものとして，ハンドブックは「情報から顧客ニーズの仮説を読み取れる能力(スキル)」「仮説を具体的な商品や発注数量に落とし込める能力(スキル)」などを挙げている。

⑤サブカテゴリー

解説 食品業界などでは，１つの品種の中に多くの品目が含まれることから，品種を基準に商品の販売・管理を行うと正確性に欠けるため，サブカテゴリーに落とし込み，マネジメントすることがなされている。

⑥アーサブカテゴリー　　イー地域行事

解説 第3に，売上予算(日割)の確認を行う。これについては，販売計画書などで確認する。第4に，販売計画数の起案を行う。基本的には先週の実績をもとに起案する。販売促進を実施する場合は，必ず発注数量の修正を行う。

⑦アー実績　　イー増やす(増加する)

解説 また，先週実績より客数の増減が予想される場合，それに合わせて販売予定数量を増減する。

⑧アー定番カット　イー棚ラベル

解説「定番カット商品」まで記入することを求められる可能性は高い。他に〔　〕が設けられる箇所は，「バックヤード」「新規導入商品」「販売計画」である。

⑨アー目　イー混雑時間

解説これも「目による管理」まで記入することを求められることもある。一方，売れ行きのよくない商品の場合，混雑時間が過ぎても最初に陳列したままの状態であり，中には埃をかぶっている商品もある。

⑩アー補充量　イー頻度

解説補充をするときに気をつけていると，毎日，必ず補充する商品と，たまにしか補充をしない商品との差もわかってくる。

⑪39

解説発注数量を求める計算式は次の通りである。

発注数量＝「今日，発注した商品が入荷するまでに売れると予測した数量」＋「今日，発注した商品の入荷日から，次の入荷日までに売る計画数量」－「現在の在庫数量」＋「最低陳列数量」

上式を別言すると，

発注数量＝「発注リードタイムの間に売れると予測した数量」＋「発注サイクルの日数の間に売れると予測した数量」－「現在の在庫数量」＋「最低陳列数量」

本問における発注リードタイムは5日間で，発注日が9月8日なので，（8日，9日，10日，11日，12日）の間に売れると予測した数量を合計すると，3＋3＋7＋2＋5＝20。

次に，発注サイクルの<u>日数</u>の間とは，本問における発注サイクルは8日間であるので，12日の翌日の13日から数えると，（13日，14日，15日，16日，17日，18日，19日，20日）の8日間となる。この間に売れると予測した数量を合計すると，2＋5＋4＋3＋2＋6＋7＋5＝34。

以上より，発注数量＝20＋34－29＋14
　　　　　　　　＝39（個）

⑫ア－知識　　イ－知恵

[解説]各段階を簡潔に述べると，次のようになる。

・レベル１……データの段階である。売上高，単価，客数などPOSデータから得られるもので，その量が多く，かつ，正確であることが重要となる。

・レベル２……情報の段階である。数多くのデータをもとに，あるテーマについてまとめたもの。一般にデータベースといわれる。

・レベル３……知識として，まとめた段階である。多くの情報をもとに，１つのハウツーにしたものである。

・レベル４……知恵の段階である。知識を活用して体内化したもので，これを活用して販売拡大などを目指すものである。

⑬ア－単品(SKU)　　イ－品ぞろえされた商品

[解説]つまり，POSデータにより把握できることは，「売上となった商品」と「売上とならない商品」である。また，POSデータからは当該店舗で扱っていない商品が「売れている理由」や「売れない理由」を解明することはできない。

⑭ア－欠品による機会損失

イ－品ぞろえされていないことによる機会損失

[解説]この２つについては，丸覚えしていた方がよいと思われる。また，POSデータの性格について，自分なりに簡素に整理しておくとよい。

⑮ア－死に筋チェックリスト　　イ－商品回転率

[解説]ハンドブックに掲載されている「データ活用のための資料一覧」には14種類の資料がある。これらをどのように覚えておくか，自分なりに工夫することがポイントである。

⑯単品別時間帯別販売履歴

[解説]単品別時間帯別販売履歴の対象商品は，ペリシャブル商品(生鮮食料品)である。

⑰発注支援システム書

[解説]これを利用すれば，売れ筋商品が把握でき，確実に補充発注できる。

⑱単品情報検索リスト

[解説]目的に応じて，たとえば販売数量が週間３個以上の単品を出力することもある。

LSP(レイバースケジューリングプログラム)の戦略的展開

第3章

LSP の導入と作業標準化（1）
LSP 導入の背景，LSP の概念（1）

□ 次のア〜オは，LSP（レイバースケジューリングプログラム）に関する記述である。正しいものには1を，誤っているものには2を記入しなさい。

ア　LSP は，データにもとづいた効率的な人員配置と作業の標準化により，人件費を増加させずに売上高や利益，そして顧客サービスを向上させることを目的としている。

イ　伝統的な作業割当では，作業に従業員を割り当てていたが，LSP では店舗における1日の時間帯別必要作業（ルーティーンワーク）を確定したうえで，従業員に対してその作業を割り当てる。

ウ　LSP 導入の背景には，バブル経済崩壊以降，流通業界を取り巻く経営環境が厳しくなり，急激な売上高の拡大が望めなくなったことがある。

エ　パートタイマー・アルバイト比率を高めても，業務レベル，サービスレベルを低下させることのない合理的，かつ，高度なオペレーション体制の確立がチェーンストアの急務となっている。

オ　LSP の実施にあたっては，店舗，部門，時間帯別などに従業員の最適投入人時を明確化し，それぞれに最適な人員数を算出する。そのため，アルバイトの採用に際しては，人時が余剰している時間帯を中心に採用する。

POINT!!　解説　

ア：「効率的な人員配置と作業の標準化」「人件費を増加させずに売上高や利益，そして顧客サービスを向上させる」はいずれもキーワードであるので，丸覚えしておくとよい。記述式穴埋問題の際に使用できる。

　　従来，サービスレベルを向上させようとすると人件費は増大し，人件費を削減するとサービスレベルは低下すると考えられていた。LSP はこうした従来の常識を覆し，人件費を増大させないでサービスレベルを向上させ

る方法論として登場した （試験に出た！）。

イ：伝統的な作業割当では，従業員に対して作業を割り当てていた。しかし，本来，作業割当の目的は作業を処理することにあるので，LSP では作業に対して従業員を割り当てる。そのため，LSP ではまず1日の時間帯別必要作業（ルーティーンワーク）を決め，その作業に人を割り当てる （試験に出た！）。

ウ：バブル経済崩壊以前においては，流通業界も他の業界と同様に比較的経営環境がよかったことから，売上増による収益増を実現できた。しかし，バブル経済の崩壊を機に一気に経済は失速し，各業界の経営環境も厳しくなったことから，収益を確保するため経営方針の転換を余儀なくされることになった。その結果の1つが LSP の導入である。

エ：労働集約型産業である小売業の場合，売上高対人件費比率は約20％であり，人件費の販売管理費に占める割合は約60％である。したがって，小売業の場合，人件費をいかに抑制するかが経営上，重要な課題となる。

人件費を削減するには正社員の給与をカットするのが最も簡単だが，それは労働意欲の低下を招くため，人件費低減対応策としてパートタイマー・アルバイト比率の引き上げが一般になされる。ただ，パートタイマー・アルバイトの仕事に対する熟練度が低い場合，そのしわ寄せが正社員にきて，正社員の長時間労働や残業の増大，それに伴うサービスレベルやオペレーションレベルの低下という問題を引き起こす可能性もある。したがって，パートタイマー・アルバイト比率を高めても，業務レベル，サービスレベルを低下させないための高度なオペレーション体制の確立が求められることになる。

オ：LSP の実施により，「人時が余剰している時間帯のパートタイマー・アルバイトを，不足している時間帯にシフトさせる」などの対応がなされる。アルバイトの採用においても，人時が不足している時間帯に働ける人を優先的に採用している。

また，時間帯別の過不足人時を解消するため，「人時が不足している時間帯の作業を見直し，人時が余剰している時間帯に移動できる作業があれば，作業の実施時間帯を変更する」などの対応がなされている。

正 解 □ ア 1 □ イ 2 □ ウ 1 □ エ 1 □ オ 2

LSP の導入と作業標準化 (2)
LSP の概念 (2)

□ 次の文中の〔　〕の部分に, 下記の語群のうち最も適当なものを
　選びなさい。

　　どのような目的で LSP を導入するかによってその効果は異な
る。そこで, 最低限, 次の対応が必要となる。
　(1)本部と店舗の役割機能の明確化と再分担
　(2)店舗運営業務の〔ア〕と人時の〔イ〕
　これらを基本として, 最終目的を〔ウ〕・最適配置と人時コント
ロールの2点に置く。
　　まず,〔ウ〕・最適配置では, 具体的に各部門内において実現さ
せるための仕事の手順とそれに必要な人員体制を策定する。
　　次に, 人時コントロールでは, 店舗, 部門ごとの総労働時間を
〔エ〕から〔オ〕でコントロールする仕組みに変革する。
〈語　群〉
①数値化　　　②人時基準　　　③適材適所
④固定化　　　⑤戦略化　　　　⑥過不足基準
⑦標準化　　　⑧売上高基準　　⑨利益基準
⑩収益確保

POINT!! 　解説

ア と イ：LSP の導入にあたっては, 店舗運営業務の標準化あるいは作業の標
　　準化が必要となる。店舗運営業務の標準化により, 初めて, その業務を遂行
　　する上でどれだけの人時を必要とするかという人時の数値化が可能となる。
ウ：LSP の目的は先に説明したように,「人件費を増加させずに売上高や顧
　　客サービスを向上させること」であるが, 別言すれば,「適材適所・最適配置」
　　と「人時コントロール」である。
エとオ：従来は売上高を基準として店舗などの総労働時間が推定されていた
　　が, 人時コントロールでは人時を基準として総労働時間が推定される。

正解　□ ア ⑦　□ イ ①　□ ウ ③　□ エ ⑧　□ オ ②

実力養成問題　LSP の導入と作業標準化（3）
LSP の概念（3），LSP の戦略的展開

□ 次の文中の〔　〕の部分に，下記の語群のうち最も適当なものを選びなさい。

○LSP の実施にあたっては，〔ア〕→実行→検証→改善を繰り返し行うことが重要である。

○LSP を導入するための第1ステップは，〔イ〕である。

○LSP 導入のための作業標準化の第1ステップは，〔ウ〕である。

○LSP システム導入の効果としては，「売上高や〔エ〕に応じた売場の最適な勤務体制が確立できる」などがある。

○業務と業務量を明確に把握し，過不足なく従業員を割り当てるための第1ステップは，「各部門の責任者が明確な売上高を予測し，月間の〔オ〕を組み立てること」である。

　〈語　群〉
　①人件費　　　②客数　　　　③日割予算
　④仮説　　　　⑤現状分析　　⑥必要時間の測定
　⑦計画　　　　⑧日割人時枠　⑨導入目的の設定
　⑩業務項目の洗い出し

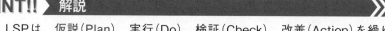

POINT!!　解説

ア：LSPは，仮説（Plan），実行（Do），検証（Check），改善（Action）を繰り返すことで，オペレーションの質を向上させていく。本部が策定する作業手順や必要人時はあくまでも仮説にもとづくもので，それを実行・検証・改善を繰り返すことで，オペレーションの質を継続的に向上させていくことになる。したがって，LSP は元来，完璧なものではない。

イ：ハンドブックでは，LSP 導入は次のステップで行うものとしている。

①導入目的の設定

②現状分析（作業情報分析／人員情報収集／マスター登録／仮検証）

③現場への導入説明と実地指導

④試行運用　　　⑤評価

　なお，LSP 導入のステップでは導入目的の設定と作業情報分析が特に重

要となる。実施にあたっては，さまざまなデータにもとづくシミュレーションが必要となるため，コンピュータシステムの利用が不可欠となる。

ウ：ハンドブックでは，作業標準化は下図のステップで行うとしている。作業標準化とは，その作業を遂行する際の能率的な作業方法を決めるとともに，標準時間を設定するものである。

図　作業標準化のステップ

①業務項目の洗い出し

↓

②作業名称の統一／業務手順の標準化／業務の分類・整理

↓

③必要時間の測定（変動作業／固定作業）

↓

④マスター登録と妥当性の検証

エ：ハンドブックでは，LSP システム導入の効果として次のことを挙げている。

①売上高や客数に応じた売場の最適な勤務体制の確立

②勤務計画担当者の負担軽減

③最適な勤務計画の策定

④店舗作業の標準化の実現

⑤個人別作業能力の把握

⑥人時生産性の向上および総労働時間の短縮

オ：ハンドブックでは，業務と業務量を明確に把握し，過不足なく従業員を割り当てるためのステップは，次のようになるとしている。

①正確な日割予算の組立て

②日割予算に合わせた日割人時枠の設定

$$日割人時枠＝\frac{日割予算額}{人時売上高予算}$$

③月次勤務スケジュールの策定

　ここでは，各部門の責任者がパートタイマー・アルバイトと調整を行い，月次の勤務スケジュールを戦略的に策定する。これにより，繁忙日などに対応できることになる。

正解　□ ア ④　□ イ ⑨　□ ウ ⑩　□ エ ②　□ オ ③

実力養成問題

LSP の導入と作業標準化（4）
日々のオペレーション実行計画の立案に関する検討

□ 次の文中の〔　〕の部分に，下記の語群のうち最も適当なものを
選びなさい。

　日々のオペレーションについての実行計画を立案する際，次の
(1)～(3)のような発注事項に関して，その対象アイテムを明らか
にすることと，その数量を適正に決定するための検討が必要となる。
　(1)日々の〔ア〕からの売れ筋商品と死に筋商品の把握
　(2)〔イ〕の把握（売上高，在庫数量，入り数，発注サイクルの検
　　討など）
　(3)〔ウ〕の具体的な落し込み
　このほか，バックヤード業務の生産性を向上させるために，次
の(4)と(5)などの LSP に関する諸分析を行う必要がある。
　(4)作業別の工程，工数の分析
　(5)時間帯別，曜日別の販売数量の把握と作業スケジュールの
　　マッチング
　これら諸活動の実施においては，単品管理と〔エ〕を〔オ〕の販売
動向に合わせて，いかに高めるかが重要となる。

〈語　群〉
①売上　　　②必要時間　　　③作業割当
④商品　　　⑤標準化　　　　⑥ POS データ
⑦週間販売計画　　⑧発注点
⑨投入人時　　⑩日割予算

POINT!!　解説

　また，旧版のハンドブックでは，上文に続いて，「この基本が維持されて
初めて，店舗レベルでのマーチャンダイジングサイクルが効率的に稼働する
ことになる。その意味で，POS データによる売上高の実績を単純に把握す
るだけではなく，その売上高を達成した背後の販売条件を明確に記録してお
くことが重要となる」と述べている。

正解　□ ア⑥　□ イ⑧　□ ウ⑦　□ エ③　□ オ④

□ 次のア～オは，LSP 実施上の留意点に関して述べたものである。
正しいものには1を，誤っているものには2を記入しなさい。

ア　グローサリーの業務 LSP を実施するに際しては，その業務
を発注，荷受，定番陳列などと大まかに分類し，それらの作業
を売場主任，正社員，パート・アルバイトなど担当者レベルに
よって分類する。

イ　レジ業務における労働生産性を把握する際に留意すること
は，レジは開設台数に比べて客数が少ないとゆっくり打たれ，
客数が多いと速まる傾向があることである。

ウ　レジ業務 LSP は，時間帯ごとの店舗全体の客数，もしくは
売上数量によってレジ業務の必要作業時間が変動するが，予測
の簡単化のために，客数と売上数量のどちらかを選ぶとすると，
一般には売上数量のほうが好ましい。

エ　予想しやすい店舗と予想しにくい店舗はあるものの，曜日，
祝日，天候，気温などから，店舗全体の客数と売上数量を予測
することは有効であるといえる。

オ　コーザルデータとは，売上高または販売に影響を与える要因の
各種データのことで，たとえば，そのうちの天候，気温自体の予
測が外れたときは，当日に作業の割当を組み直す必要がある。

POINT!! 〉解説

ア：グローサリーでは，業務を発注，荷受，仕分け，（値付），定番陳列，エンド陳列，前出し，清掃，事務に大まかに分類する。また，これらの作業を売場主任，正社員など担当者レベルに分類するほか，たとえば商品の包装形態によって効率に著しい差が出る作業（荷受には，配送センターからの商品とメーカーから直接送られてくる DSD（直送）商品などがある）についてはさらに分類が必要となる。そして，担当者の違い，曜日の違い，時間帯の違いで区別できる分類もある。

イ：また，レジ担当者の個人差も大きいことから，労働生産性を測定しながら，どれくらいの速さで商品登録を行い，顧客と接すべきかを検討していく必要がある。なお，レジ業務における労働生産性を把握するためには，ストップウォッチが必要となる。

ウ：予測の簡単化のために，客数と売上数量のどちらかを選ぶとすれば，一般には客数のほうが好ましいとされている。

　　また，ハンドブックには次のようにも記述されている。

　　「変動作業に影響を与える主な要因は，入荷量，客数，売上数量である。」

　　「客数や売上数量の予測は，レジ業務 LSP や生鮮食料品業務 LSP における作業量の予測に影響する。」

　　「客数によって変動する接客と金銭授受の時間は，販売数量によって変動する商品登録の時間に比べて比較的長い。」

エ：これに関連して，ハンドブックは，「ある店舗の年間売上データ（年末・クリスマスを除く）にもとづき，1日の客数について，曜日，祝日，天候，気温で数量化理論 I 類による解析を行ったところ，80％台後半の高い決定係数を得ている」と述べている。つまり，これらのデータにもとづいた店舗全体の客数と販売数量の予測には有効であるといえる。

　　ただ，競争が激しい小売店の場合，曜日，天候，気温という変数のとり方によっては説得力が低いものとなる。

オ：コーザルデータの中には，天候，気温などがあるが，天候，気温のデータを客数，売上数量のデータと結びつけてコンピュータに登録することにより，売上高予測が可能となる。

第1章　第2章　第3章　第4章　第5章　模擬テスト

正解　□ア 1　□イ 1　□ウ 2　□エ 1　□オ 1

店舗従業員の生産性向上（1）
パートタイマー比率向上と人時生産性

□ 次のア～オは，パートタイマー比率向上と人時生産性に関する記述である。正しいものには1を，誤っているものには2を記入しなさい。

ア　パートタイマーの戦力化については，スーパーマーケット業界において進んでいるが，衣料品スーパー，家電スーパーといった専門品ぞろえ型スーパー業界では遅れている。

イ　労働生産性を表わすものの1つとして人時生産性があるが，人時生産性は粗利益を総労働時間（総人時）で除したものである。

ウ　パートタイマー比率を上げると人件費が削減されるため，長期的に粗利益は増加することになる。

エ　正社員を削減した分をパートタイマーで補うと，正社員の数を減らした以上にパートタイマーの人数を増やすことになることから，結局，人時生産性は向上することになる。

オ　パート比率の上昇，人件費の削減が行われた場合，手作業の機械化や技術システムの高度な改革などが行われない限り，店舗運営は困難となる。

POINT!! 解説　≫≫≫

ア：パートタイマーの戦力化は，スーパーマーケット業界をはじめとして，専門品ぞろえ型スーパー業界にも波及している。なお，チェーンストア業界では最近パートタイマーの比率が向上しているが，この背景には外資小売業の日本市場への進出による競争激化がある。

イ：人時生産性＝粗利益（売上総利益）÷総労働時間

ウ：パートタイマー比率を上げると人件費は削減されるので短期的には人時生産性は高まるが，一般的に業務や作業の質が低下し，売上高が減少することから，長期的には粗利益は減少することになる。

エ：正社員の数を減らした以上にパートタイマーの人数を増やさなければならないので，総労働時間は増加する。また，粗利益も減少する可能性が大きいので，人時生産性はさらに低下する。

正解 □ア 2　□イ 1　□ウ 2　□エ 2　□オ 1

実力養成 問題 店舗従業員の生産性向上（2）
労働生産性向上の方法と店長の役割（1）

□ 次の文章は，労働生産性を改善する2つのシステムに関して述べたものである。文中の〔　〕の部分に，下記の語群のうち最も適当なものを選びなさい。

　労働生産性が改善される仕組みは，2つに大別される。つまり，機械的技術システムと人事・労務管理領域における〔ア〕システムに代表される人間組織（社会）システムである。この2つのシステムがバランスよく統合されている小売業では，労働生産性の改善がはかられ，総じて業績がよいという研究結果がイギリスの研究機関（タピストック研究所）にある。組織研究分野では，「社会技術システム（Sociotechnical Systems）の原則」といわれ，今日の〔イ〕の基礎的考え方になっている。

　店長が労働生産性を念頭に置いて店舗運営に臨むねらいは，レイバースケジューリングの枠組みの中で〔ウ〕を適正化することにある。レイバースケジューリングの枠組みとは，1日〔エ〕で〔オ〕の業務や作業に従業員を配置することである。

〈語　群〉
①8時間　　②1週間　　③動機づけ
④24時間　　⑤1か月　　⑥作業の標準化
⑦パーソナル・マネジメント　　⑧リーダーシップ
⑨ヒューマンリソース・マネジメント　　⑩人時配置

ア：「労働生産性が改善される仕組みとして，機械的技術システムと人間組織（社会）システムの2つがある」ことをまず覚えておこう。

機械的技術システムとはテクノロジーの導入による生産システムのことで，労働生産性の向上は誰の目にも明らかとなる。しかし，労働生産性の向上は機械的技術システムだけによるものではなく，人間組織（社会）システムによっても達成されるというのが上文の主旨である。なお，アには「動機づけ」が入る。

イ：「ヒューマンリソース・マネジメント」が入る。ヒューマンリソース・マネジメントは，一般に「人的資源開発」「人材マネジメント」と訳される。ヒューマンリソース・マネジメントの考え方の大きな特徴は，ヒトは能力を開発することで有効に活用できるものであり，貴重なリソース（資源）であるということである。

従来のパーソナル・マネジメント（人事管理，労務管理）においては，ヒトの能力を一定とみなし，それを最大限に発揮させることを目的としてきた。したがって，パーソナル・マネジメントにおいては，ヒューマンリソース・マネジメントの基本とする「ヒトの能力を開発する」という発想は出てこない。

また，「社会技術システム」とは，次のようなことをいう。

一般に組織は技術システムから分離・独立したものと考えられているが，技術システムが変化すると，それに合わせるかたちで組織自体が変化する。つまり，組織は技術，人間関係などの相互作用から成る複合システムということである。

ウ〜オ：ウには「人時配置」，エには「24時間」，オには「1週間」が，それぞれ入る。

店長の立場からすれば労働生産性を向上させるためには，人時配置を適正化することにつきる。なお，「レイバースケジューリングの枠組みとは，1日24時間で1週間の業務や作業に従業員を配置することである」ことを覚えておこう。つまり，店舗での業務や作業は，分刻みで24時間をベースとして1週間を単位にシステムとして設定する必要があるということである。

正解 □ ア③ □ イ⑨ □ ウ⑩ □ エ④ □ オ②

店舗従業員の生産性向上 (3)
労働生産性向上の方法と店長の役割 (2)

実力養成問題

□ 次の文中の〔　〕の部分に，下記の語群のうち最も適当なものを選びなさい。

　　小売業は，販売管理費や〔ア〕の削減による生産性の向上という因果関係に固執し，〔イ〕の向上による売上高の増加，そして生産性の向上というセオリーを忘れてしまうことがある。

　　店長による従業員満足は，次の要件によって生み出される。
(1)顧客サービス技術の〔ウ〕
(2)従業員の選抜と育成
(3)従業員の〔エ〕と認知
(4)職場の整備

　　ただし，〔ウ〕を実施するうえでは，店長の態度や〔オ〕が従業員満足の結果を左右する。また，〔ウ〕は厳正と配慮に満ちたものでなければならず，従業員の育成や〔エ〕は公正でなければならず，職場の整備は従業員への配慮が必要となる。

〈語 群〉
①評価　　　　　②パート比率　　　③人時生産性
④集中戦略　　　⑤教育・訓練　　　⑥統制
⑦ロールプレイング　　　　　　　　⑧顧客満足度
⑨リーダーシップ　　　　　　　　　⑩人時コスト

POINT!! ▶ 解説

　　上文の主旨は次の通りである。
　　「小売業では販売管理費や人時コストの削減により生産性の向上を達成しようと一般に考えるため，顧客満足度の向上により生産性の向上を達成する方法を忘れがちとなる。店長の役割は，従業員の教育・訓練および従業員に満足感を与えることで，従業員が顧客満足度の向上に努める方向にもっていくことである。」

正 解 □ ア⑩　□ イ⑧　□ ウ⑤　□ エ①　□ オ⑨

□ 次のア〜オは，人件費と人時管理に関する記述である。正しいものには1を，誤っているものには2を記入しなさい。

ア　たとえば，バックヤードから売場への品出し作業を8人で3時間行ったとすると，作業量は12人時となる。

イ　総人時が800人時で，粗利益（売上総利益）が400万円の場合，人時生産性は3,200円となる。

ウ　人時生産性を引き上げる方法には，粗利益を上げる方法と総人時を削減する方法がある。

エ　人件費は総人時と1人時単価を掛けたものと考えると，人件費を削減するためには総人時を削減するか，あるいは1人時単価を引き下げるしかない。

オ　人時管理とは，「人時」という単位を使って従業員の生産性（販売効率）をコントロールすることである。

POINT!! 解説

ア：1人時（マンアワー，MH）とは，その作業を行うのに1人で1時間要することをいう。したがって，8人で3時間行った場合，その作業量は，8×3＝24（人時）となる（試験に出た！）。

イ：人時生産性＝$\dfrac{粗利益}{総労働時間}$＝$\dfrac{粗利益（売上総利益）}{総人時}$ （試験に出た！）

＝$\dfrac{4,000,000}{800}$＝5,000（円）

ウ：人時生産性の計算式より，人時生産性を上昇するには，粗利益を上げるか，総人時を削減するしかない。

エ：人件費＝総人時×1人時単価　したがって，人件費を削減するには，総人時を削減するか，1人時単価を引き下げるしかない。

オ：ハンドブックには，「人時管理とは，人時生産性を管理することではない」と記述してある。要は，人時管理とは，「人時」という単位を使って，従業員の生産性を向上させることにある（試験に出た！）。

正解　□ ア 2　□ イ 2　□ ウ 1　□ エ 1　□ オ 1

実力養成問題　人時管理（マンアワーコントロール）の実務（2）

□ 次の文中の〔　〕の部分に，下記の語群のうち最も適当なものを選びなさい。

○人時管理の目的の1つは，必要な作業と〔ア〕を一致させることである。

○〔イ〕とは，それぞれの作業を何人時で行うかを決めることである。

○人時管理を効率的に推進するための第1ステップは〔ウ〕の概念をよく理解することである。

○労働分配率とは，〔エ〕に占める人件費の割合のことである。

○年間の人時計画を立てる場合，まず，年間売上高予算と人時売上基準から〔オ〕を計算する。

〈語　群〉
① 売上高　　　② 生産性指標　　③ 生産性基準
④ 粗利益高　　⑤ 作業基準　　　⑥ 要員
⑦ 総人時　　　⑧ 1人時単価　　⑨ MHC
⑩ スケジュール

POINT!! 　解説

アとイ：ハンドブックでは，人時管理の目的として，次の3つを挙げている。

①必要な作業と要員の一致

　これは，時間帯別に必要となる作業を細分化し，それぞれの作業に適切な従業員を割り当てることで，必要な作業と要員を一致させるということである。

②作業基準の維持と向上

　作業の種類が明確になると，次に，それぞれの作業を何人時で行うことができるかを決める。作業基準とは，それぞれの作業について，何人時で行うことができるかを決めるものである。その際，1人時でどれだけの作業ができるかを決める必要がある。作業基準をもとに適切な従業員を配置し，計画どおりに作業が進んでいるかを作業基準でチェックする。なお，人時管理により，1人時で処理できる作業量を維持するとともに，作業の

方法を変えることなどにより作業量を増やすことができる。この結果，作業基準のレベルは向上することになる。

③オペレーションシステムの構築

　チェーンストアの場合，店舗数が増えるとチェーンとしての強固なオペレーションシステムの構築が不可欠になるが，その際，時間帯別に違う作業量と従業員を合致させるところの人時管理の実施が前提となる。

ウ：ハンドブックでは，人時管理を効率的かつ効果的に推進していくためには，図1のようなステップが望ましいとしている。

　したがって，ウには「MHC」，つまり「人時管理」が入る。

エ：ステップ2で「生産性基準」を設定する場合，生産性指標を調査する必要がある。生産性を表す代表的な指標には，次の4つがある。

①人件費率$=\dfrac{人件費}{売上高}$　　②労働分配率$=\dfrac{人件費}{粗利益高}$

③人時売上高$=\dfrac{売上高}{総人時}$　　④人時生産性$=\dfrac{粗利益高}{総人時}$

(注)粗利益＝粗利益高＝売上総利益

図1　人時管理を効果的に推進するためのステップ

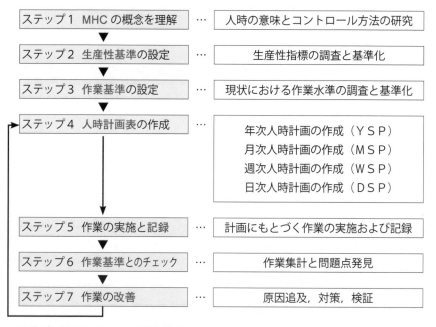

ステップ1　MHCの概念を理解	…	人時の意味とコントロール方法の研究
ステップ2　生産性基準の設定	…	生産性指標の調査と基準化
ステップ3　作業基準の設定	…	現状における作業水準の調査と基準化
ステップ4　人時計画表の作成	…	年次人時計画の作成（YSP） 月次人時計画の作成（MSP） 週次人時計画の作成（WSP） 日次人時計画の作成（DSP）
ステップ5　作業の実施と記録	…	計画にもとづく作業の実施および記録
ステップ6　作業基準とのチェック	…	作業集計と問題点発見
ステップ7　作業の改善	…	原因追及，対策，検証

出所：『販売士ハンドブック（発展編）』

人時管理（マンアワーコントロール）の実務

第1章

第2章

第3章

第4章

第5章

模擬テスト

オ：人時計画表は，生産性基準，作業基準にもとづき作成する。人時計画に
は年次人時計画，月次人時計画などがあるが，図2に示されるように，ま
ず年次人時計画を作成し，順次，月次人時計画，週間人時計画，日次人時
計画を作成していく。また，その際，年間人時計画から日別人時計画まで，
連続性を保持することが重要となる。

なお，総人時＝$\dfrac{\text{年間売上高}}{\text{人時売上高}}$

図2　人時計画表を作成するための基準

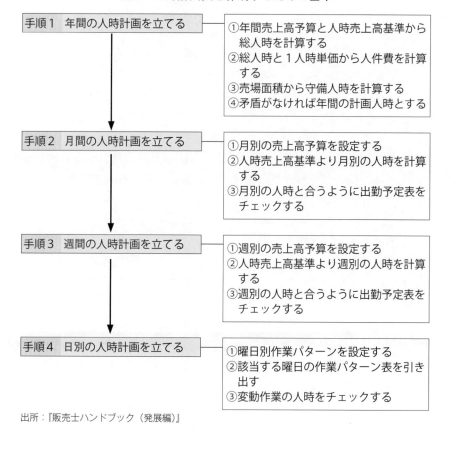

出所：『販売士ハンドブック（発展編）』

正解　□ ア ⑥　□ イ ⑤　□ ウ ⑨　□ エ ④　□ オ ⑦

□ 次の文章は、人時管理における取組み上の問題点に関する記述である。文中の〔　〕の部分に、下記の語群のうち最も適当なものを選びなさい。

実際に人時計画を策定する際、いきなり作業計画表など、〔ア〕の人時計画表を作成する小売業は少なくない。これは、〔イ〕の作業計画が人時計画であると思い込んでしまっているためである。しかし、人時計画は、年、月、週レベルで管理していくことが基本である。

人時管理を進めている小売店の多くが、〔ウ〕の段階で終わってしまっている。つまり、人時の計画だけを立て、実際に行った作業の〔エ〕と分析が行われていないのである。当日の〔オ〕は、天候の変化による客数の増減や入荷商品の動きに伴って変化するのが通常である。したがって、店舗における人時管理にあたっては、当日の〔オ〕に合わせた従業員のコントロールが作業基準の維持には不可欠となる。

〈語　群〉
①日次　　②週次　　③予定　　④曜日別
⑤月別　　⑥作業量　⑦記録　　⑧配置計画
⑨作業基準の設定　　⑩人時計画表の作成

POINT!! 解説

ハンドブックでは、小売業が人時管理に取り組むにあたっての問題点として、次の2つを指摘している。
(1)生産性の目標と人時計画が連動していない
(2)作業の実績記録と分析が行われていない
(1)に関する記述は上の問題文の上段であり、(2)に関する記述は問題文の下段である。(1)では、人時計画は年、月、週レベルで管理するのが基本であるが、いきなり日次の人時計画表が作成されているのが問題だと述べている。

正解 □ ア① □ イ④ □ ウ⑩ □ エ⑦ □ オ⑥

実力養成問題　売場における作業分析（1）

□ 次の文中の〔　〕の部分に，下記の語群のうち最も適当なものを選びなさい。

　　小売業は，一般に，生産性の〔ア〕と作業の〔ア〕を決め，年間の人時計画から〔イ〕の人時計画へとブレイクダウンしていく。この〔イ〕の人時計画が〔ウ〕計画である。

　　この〔ウ〕計画を立てることで現場作業の効率化がはかられると考えている小売業は少なくない。しかし，計画を立て，それを実行するだけでは次第に計画とのズレが発生し，やがて〔ア〕と実際の作業の格差が広がっていく。それを防ぎ，計画に近づけていくためには，実行された結果を確認し，〔エ〕する仕組みをつくることが不可欠である。〔エ〕を行うために，作業実績の〔オ〕が必要になる。

〈語　群〉
①統制　　②記録　　③目標
④検証　　⑤基準　　⑥稼働
⑦目安　　⑧日別　　⑨集計
⑩月別

POINT!! 　解説

アとイ：P94の図1「人時管理を効果的に推進するためのステップ」で示されているように，ステップ2で「生産性基準を設定」し，ステップ3で「作業基準を設定」し，これらにもとづいて「年次人時計画（年間人時計画）」を作成する。そして，年間人時計画から月間人時計画，週間人時計画，日次人時計画（日別人時計画）へとブレイクダウンしていく。

ウ：日別の人時計画が，いわゆる稼働計画である。

エとオ：「計画」「実行」とくれば，エには検証が入る。また，作業を検証するためには，その前提として作業の記録が必要となる。

正解　□ ア⑤　□ イ⑧　□ ウ⑥　□ エ④　□ オ②

売場における作業分析 (2)

□ 次の文中の〔　〕の部分に，下記の語群のうち最も適当なものを選びなさい。

　　作業分析レポートは，1日の作業終了後に，作業計画表に記入された作業データを集計・分析し，どこに問題があるかを見つけ出すために活用されるツールである。作業分析レポートは，〔ア〕による作業分析と〔イ〕による作業分析に大別される。

　　〔ア〕による作業分析は，〔ウ〕チェックレポート，〔エ〕チェックレポート，〔オ〕チェックレポートから構成される。〔ウ〕チェックレポートは，当該店舗が適正に作業計画を立て，適正に作業実績を記録しているかをチェックするレポートのことである。〔エ〕チェックレポートは，商品の補充（品出し）作業が基準どおりに行われているかをチェックするレポートのことである。

〈語　群〉
①固定作業基準　　　②店別作業基準　　　③MHC運用
④曜日別作業基準　　⑤他店との比較　　　⑥変動作業基準
⑦店別作業構成　　　⑧MHC進捗状況　　　⑨曜日別作業構成
⑩店舗内データ

POINT!! 〉解説

アとイ：下表のように，作業分析レポートは次の2つに大別できる。

・店舗内データによる作業分析

・他店との比較による作業分析

　　なお，先に述べたように，「年間の人時計画」→「月間の人時計画」→「週間の人時計画」→「日別の人時計画」と細分化し，「日別の人時計画」が「稼働計画」となるが，これで終わりではない。あくまでも計画であるので，計画と実際の間にどれだけのズレがあるかをチェックする必要がある。そのため，作業計画表に作業実績を記録していき，計画と異なった作業を行った場合にはその内容を詳細に書き込んでいく。そして，これらの作業データをもとに，作業分析を行う。

表　作業分析レポートの構成

<table>
<tr><td rowspan="6">作業分析メニュー</td><td rowspan="3">店舗内作業
分析メニュー</td><td>①MHC運用
チェック</td><td>日別に作業計画が立てられ，作業の実績が記録されているかをチェックする。</td></tr>
<tr><td>②変動作業基準
チェック</td><td>変動作業である商品の補充（品出し）作業が基準どおりに行われているかをチェックする。</td></tr>
<tr><td>③固定作業基準
チェック</td><td>品出し作業以外の固定作業が基準どおりに行われているかをチェックする。</td></tr>
<tr><td rowspan="3">他店作業比較
分析メニュー</td><td>①MHC進捗状況
店別比較</td><td>マンアワーコントロール（MHC）進捗状況を店舗別に比較チェックする。</td></tr>
<tr><td>②店舗別作業基準
比較</td><td>変動作業が基準どおりに行われているかを店舗別に比較チェックする。</td></tr>
<tr><td>③店舗別作業構成
比較</td><td>作業構成が適正かを店舗別に比較チェックする。</td></tr>
</table>

出所：『販売士ハンドブック（発展編）』

ウ：「MHC運用」が入る。MHCとは，マンアワーコントロールのこと。作業分析の際には，すべての部分の作業実績データが必要であるため，どの部分の作業実績データが欠けているかをチェックする。このレポートの作成には，店内のパソコンで自動的に行われるようにシステムを構築しておくことが望ましい。なお，作業計画は日別に立てられるが，計画と異なる作業を行った場合には，作業計画表を修正しておく必要がある。修正をパソコンに入力すると作業実績となり，計画の「計」が実績の「実」に変わることになる。

エとオ：変動作業である商品の補充（品出し）作業が基準どおりに行われているかをチェックするのが「変動作業基準チェックレポート」である。一方，商品補充作業以外の固定作業（発注作業，特売準備作業，売場整理など）について，基準どおりに行われているかをチェックするのが「固定作業基準チェックレポート」である。

　これらのチェックはいずれも，曜日単位で行われる。変動作業基準チェックの場合，基準と大きくズレている曜日に着目し，問題点を明確にすることになる。固定作業基準チェックの場合も曜日単位で行い，どの作業が，どの曜日に，どれくらい基準とズレているかをチェックすることになる。

正解　□ア⑩　□イ⑤　□ウ③　□エ⑥　□オ①

□ 次のア〜オは，作業改善のための作業分析について述べたものである。正しいものには1を，誤っているものには2を記入しなさい。

ア　変動作業基準チェックでは，商品補充（品出し）の人時と商品補充の商品数を曜日単位に集計し，この2つをグラフにしたとき，その動き（波）が一致していれば，作業と要員が一致していることになる。

イ　固定作業基準チェックでは，まず縦に週（1週，2週，3週，……），横に曜日をとり，その日にかかった人時を集計する。次に，曜日ごとの平均値を求め，固定作業の基準値と比較する。

ウ　マンアワーコントロール進捗状況店舗別比較レポートは各店舗の人時管理の進捗状況をチェックするもので，その状況を5段階に分けてチェックしている。

エ　店舗別作業基準比較レポートは，商品補充作業以外の固定作業を基準と比較し，店舗別に達成率を比較したもので，これにより，基準を下回っている店舗がチェックできる。

オ　店舗別作業構成比較レポートは，作業の構成が適正かどうか，店別にチェックするもので，これにより，どの店舗の作業構成が適正さを欠いているかチェックできる。

POINT!! ▶ 解説

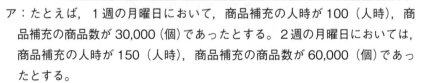

ア：たとえば，1週の月曜日において，商品補充の人時が100（人時），商品補充の商品数が30,000（個）であったとする。2週の月曜日においては，商品補充の人時が150（人時），商品補充の商品数が60,000（個）であったとする。

このとき，1週の品出し生産性（品出し数÷品出し人時）が基準であったとすると，2週は基準より商品補充（品出し）が多く，ムリがあることになる。品出し生産性のことを補充生産性ともいう。

また，3週の月曜日において，商品補充の人時が200（人時），商品補充の商品数が50,000（個）であったとすると，3週は基準より商品補充の

効率が悪くムダが多いことになる。

イ：下表において，第1週〜第3週の月曜日の平均値(平均人時)は，

$$\frac{100 + 120 + 110}{3} = \frac{330}{3} = 110 \ (人時)$$

　一方，月曜日における，固定作業の基準値(基準人時)は，100人時と前もって定めているので，基準比(平均値を基準値で割ったもの)は，月曜日において，$\frac{110}{100} = 1.1$　すなわち，110％となる。

　つまり，月曜日の場合，基準比が100％を上回っているので，作業効率は悪いことになる。一方，下表において，火曜日，木曜日は基準比が100％を下回っているので，作業効率はよいことになる。

(単位：人時)

	月	火	水	木	金	土	日
第1週	100	120	100	140	150	180	200
第2週	120	130	120	160	140	190	220
第3週	110	140	120	140	160	200	210
平均値	110	130	113	147	150	190	210
基準値	100	140	110	150	150	180	200
基準比	110％	93％	103％	98％	100％	106％	105％

ウ：マンアワーコントロール進捗状況店舗別比較レポートでは，人時管理の進捗状況を10段階に分け，店別にどの段階に進んでいるかを体系的に把握することをねらいとしている。

エ：店舗別作業基準比較レポートは，変動作業である商品補充作業を基準と比較し，店舗別に達成率を比較したものである。

	品出し数	品出し人時	品出し生産性	基準達成率
A店舗	40,000 (個)	200 (人時)	200	71.4 (%)
B店舗	60,000	150	400	142.9
C店舗	100,000	400	250	89.3
D店舗	80,000	250	320	114.3
基　準	280,000	1,000	280	―

　たとえば，A店舗の場合，品出し数が40,000(個)で，品出し人時が200(人時)であるので，品出し生産性(補充生産性)＝40000÷200＝200となる。

$$品出し生産性（補充生産性）＝\frac{品出し数}{品出し人時}$$

B店舗～D店舗についても，同様に計算する。

また，上表の「基準」の品出し生産性は，A～D店舗の平均である。

$$基準達成率＝\frac{各店舗の品出し生産性}{基準の品出し生産性}$$

たとえば，A店舗の基準達成率＝$\frac{200}{280}$＝0.714

基準と開きが大きい店舗の場合，上表ではA店舗とC店舗の場合，計画に対する確認や検証が甘いという評価となる。

なお，ここでは，「基準」の品出し生産性（補充生産性）は下記のような根拠にもとづいている。

$$基準の品出し生産性＝\frac{A～D店舗の合計の品出し数}{A～D店舗の合計の品出し人時}$$

しかし，「基準」となる数値は過去の実績値から算出されることも多いため，「基準」となる数値がいかなる根拠に基づいたものかが示されないことも多い。したがって，本問でいえば，品出し数→ 280,000，品出し人時→ 1,000 を示さず，品出し生産性が 280, あるいは 300 などとだけ, 数値が与えられていることもよくある。

オ：店舗別作業構成比較レポートは下表のように，縦に店舗名，横に作業の種類をとり，それぞれの作業の１週間分の人時数を記入する。ただ，店舗の大きさや売上の規模により人時数は変化するため，店舗間を比較するには，各店舗の合計を 100％構成比で表示し直す必要がある。

	品出し	発 注	特売準備	売場整理	清 掃	事 務
A店舗	28.0 （%）	17.5 （%）	8.5 （%）	25.5 （%）	10.5 （%）	10.0 （%）
B店舗	22.0	8.5	15.5	38.5	6.5	9.0
C店舗	35.5	12.0	3.0	30.5	11.0	8.0
基 準	25.0	15.0	10.0	30.0	10.0	10.0

（注）店舗はA～Cのほかに，８店舗ある。基準はそれらの平均値である。

たとえば，上表から，A店舗とC店舗の場合，品出し作業を改善しなければならないことが判明する。

正 解 □ ア 1 □ イ 1 □ ウ 2 □ エ 2 □ オ 1

記述式穴埋問題　　キーワードはこれだ！

> 次の各問の〔　　〕の部分にあてはまる最も適当な語句・短文を記入しなさい。

① LSPとは，データにもとづいた効率的な〔　ア　〕と〔　イ　〕のことである。効率的な〔　ア　〕をすることで人件費の増加を抑制でき，〔　イ　〕により最適投入人時を算出できる。この結果，人件費を増加させずに，売上高や顧客サービスの向上がはかれることになる。

ア	イ

② 小売業の場合，〔　ア　〕は全体平均で約20％，販売費及び一般管理費に占める人件費の割合は実に60％近い。まさに，コストの中心は人件費であり，人件費の高騰という問題は〔　イ　〕産業としての小売業の経営管理上，重要な課題となっている。

ア	イ

③ LSPの実施においては，「〔　ア　〕→実行→〔　イ　〕→改善」を繰り返し行うことが重要である。なぜなら，〔　ア　〕は〔　イ　〕するために設定するもので，「〔　ア　〕→実行→〔　イ　〕→改善」を繰り返すことで，オペレーションの質を継続的に向上させていくことになる。

ア	イ

④ LSPの導入手順は，〔　ア　〕の設定，現状分析（〔　イ　〕分析，人員情報収集など），現場への導入説明と実地指導，試行運用，評価の5つのステップから成る。これらのうち特に重要となるのが，〔　ア　〕の設定，〔　イ　〕分析である。

ア	イ

⑤　作業の標準化を行う際，必要時間の測定を行う必要がある。その際，まず作業を変動作業と固定作業に分類する。次に，変動作業は，〔　ア　〕単位当たりの作業時間を測定する。一方，固定作業は，一日の〔　イ　〕作業時間を測定する。

ア	イ

⑥　LSP 導入にあたり，作業の標準化が必須となるが，それを設定する際の一般的な手順は，「業務項目の洗い出し」→「〔　ア　〕の統一，業務手順の標準化，業務の分類・整理」→「必要時間の測定」→「〔　イ　〕と妥当性の検証」の4段階から成る。

ア	イ

⑦　業務と業務量を明確に把握し，過不足なく従業員を割り当てるための第1のステップは，各部門の責任者が正確な日々の〔　ア　〕を予測し，月間の〔　イ　〕を組み立てることである。

ア	イ

⑧　〔　ア　〕とは，売上高または販売数量に影響を及ぼす天候，気温，地域行事などの各種データのことである。天候，気温のデータを〔　イ　〕，売上数量のデータと結びつけてコンピュータに登録することで，売上高の予測が可能となる。

ア	イ

⑨　〔　ア　〕とは，売上総利益(粗利益)を総労働時間で除したものである。よって，売上高に変化がなく，棚卸減耗なども増加しない状態で総労働時間(〔　イ　〕)を減らせば，短期的には〔　ア　〕は高まることになる。

ア	イ

⑩ 〔 ア 〕論では，組織は技術，人間関係などの相互作用から成る複合システムであるということになる。よって，機械的技術システムと人事・労務管理領域における動機づけシステムに代表される〔 イ 〕システムがバランスよく統合されているチェーンストアでは，労働生産性の改善がはかられることになる。

ア	イ

⑪ 従来の〔 ア 〕（人事管理，労務管理）においては，ヒトの能力を一定とみなし，それを最大限に発揮させることを目的としてきた。これに対し，〔 イ 〕の特徴は，ヒトは能力を開発することで有効に活用できるものであり，貴重なリソース（資源）であると考える点にある。

ア	イ

⑫ 〔 ア 〕とは，「人時」という単位を用いて従業員の生産性をコントロールすることである。つまり，〔 イ 〕を向上させるには，どのように作業プロセスを変えるかが重要である。

ア	イ

⑬ 人件費＝総人時×〔 ア 〕と考えると，人件費を削減する方法は，総人時を削減するか，〔 ア 〕を下げるか，のどちらかしかない。総人時を削減するためには〔 イ 〕の変革が必要であり，〔 ア 〕を下げるためには，要員構造を変革することが必要となる。

ア	イ

⑭ 作業の種類が明確になると，次に，それぞれの作業を何人時で行うことができるかを決めることになる。すなわち，〔 ア 〕を決めることになる。その際，〔 イ 〕でどれだけの作業ができるかを決める必要がある。

ア	イ

⑮　P店における与件は次の通りである。このとき，P店の労働分配率は〔　ア　〕％，人時売上高は〔　イ　〕円／人時，人時生産性は〔　ウ　〕円／人時である。なお，1円未満は切り捨てるものとする。

　　　売上高　　　：　120,000,000円
　　　売上原価　　：　80,000,000円
　　　販売管理費　：　28,000,000円

　　　従業員数　　：　5名
　　　総労働時間　：　4,800時間（従業員5名の合計）
　　　総人件費　　：　9,000,000円

ア	イ	ウ

⑯　下表は，「店舗別作業基準レポート」である。表中の品出し数，品出し人時をもとに補充（品出し）生産性，基準達成率を計算したとき，基準達成率が最も高い店舗の値は〔　ア　〕％であり，基準達成率が最も低い店舗の値は〔　イ　〕％である。なお，パーセントは1％未満を四捨五入しなさい。

　　また，下表に示されているように，全店共通の「基準」となる補充生産性は300である。

	品出し数	品出し人時	補充生産性	基準達成率
A 店舗	45,000（個）	180（人時）	（個／人時）	（％）
B 店舗	63,000	210		
C 店舗	78,200	230		
D 店舗	84,000	350		
基　準	———	———	300	———

ア	イ

正解＆解説

①ア−人員配置　　イ−作業の標準化

解説 ハンドブックは，LSP（Labor Scheduling Program）について，「アメリカの流通業において開発された作業管理，要員管理の基本的システムのこと。小売業として達成したい売場ごとの目標を決め，それを実現するために必要な作業および手順を設定し，誰が，いつ，どの作業をどれくらいの時間で行うかを計画し，管理する仕組み」と述べている。

②ア−売上高対人件費比率　　イ−労働集約型

解説「売上高対人件費率」「労働集約型産業」という用語のほかに覚えておきたいのは「20％」と「60％」という数字である。これらの数字は小売業のかかえている課題を象徴しているといえる。

③ア−仮説　　イ−検証

解説 旧ハンドブックでは「仮説→実行→検証」となっていたが，新ハンドブックでは「仮説→実行→検証→改善」となった。これは丸覚えしておくとよい。

④ア−導入目的　　イ−作業情報

解説 LSPの導入目的は既述したように「人件費を増加させずに，売上高の増加や接客サービスの向上を達成すること」であるが，ここでいう導入目的とはそれを踏まえたうえで，それぞれの現場における，より具体的な目的をいう。

⑤ア−変動要素　　イ−合計

解説 本試験では，「変動要素単位当たりの作業時間」「一日の合計作業時間」まで，記入を求められるかもしれない。

⑥ア−作業名称　　イ−マスター登録

解説「作業名称の統一」とは，店舗や従業員によって呼称が異なる作業があった場合には，これを統一することをいう。

　　「マスター登録と妥当性の検証」とは，標準化した作業をコンピュータのマスターファイルに登録し，算出された必要人時の妥当性を検証することである。

⑦ア－売上高　　イ－日割予算

解説 第2のステップは「日割予算額に合わせた日割人時枠の設定である。

$$日割人時枠 = \frac{日割予算額}{人時売上高予算}$$

$$人時売上高 = \frac{売上高}{総人時}$$

たとえば，日割予算額が1,200,000（円）で，人時売上高予算が8,000（円／時）であったとき，$日割人時枠 = \frac{1,200,000}{8,000} = 150$（人時）

⑧ア－コーザルデータ　　イ－客数

解説 ただ，天候，気温と客数，売上数量の関係値はデータ通りであっても，天候，気温の予測が外れた際には，売上高の予測が当たらなくなる。よって，当日の天候，気温の予測が外れた場合には，見込売上高を変更し，作業の割当を組み直す必要が出てくる。

⑨ア－人時生産性　　イ－総人時

解説 総労働時間を減らせば，人時生産性は短期的には向上することになる。しかし，総労働時間を減らせば，長期的には売上高，そして売上総利益が減少するため，人時生産性は同じか，もしくは低下することになる。

$$人時生産性 = \frac{売上総利益（粗利益）}{総労働時間（総人時）}$$

上式より，人時生産性とは，従業員1人の1時間当たりの売上総利益（粗利益）ということになる。

⑩ア－社会技術システム　　イ－人間組織

解説 社会技術システムの原則は今日のヒューマンリソース・マネジメントの基本的考え方になっている。

⑪ア－パーソナル・マネジメント
　　イ－ヒューマンリソース・マネジメント

解説 パーソナル・マネジメントがヒトの能力を一定と考えるのに対し，ヒューマンリソース・マネジメントはヒトの能力を開発できると考えている。

⑫アー人時管理　イー人時生産性

解説 1人時(マンアワー, MH)とは, 1人の従業員が1時間でこなせる作業量のことをいう。よって, 作業員10人がある作業を終了させるのに4時間を要した場合, この作業量は 10 × 4 = 40 (人時)となる。

⑬アー1人時単価　イー業務(作業)プロセス

解説 「1人時単価」「業務(作業)プロセス」「要員構造」という用語は覚えておきたい。なお, 「要員構造」とは, パートタイマー・アルバイト比率をどうするかということ。パートタイマー・アルバイト比率を高めると, 正社員の比率は低下する。

⑭アー作業基準　イー1人時

解説 ハンドブックでは, 人時管理の目的として, 「必要な作業と要員の一致」「作業基準の維持と向上」「オペレーションシステムの構築」の3つを挙げている。

⑮アー 22.5　イー 25,000　ウー 8,333

解説 粗利益高(売上総利益)＝売上高－売上原価
$$= 12,000 - 8,000$$
$$= 4,000 \ (万円)$$

労働分配率 ＝ $\dfrac{総人件費}{粗利益高}$ ＝ $\dfrac{900}{4,000}$ ＝ 0.225

$$\therefore 22.5\%$$

人時売上高 ＝ $\dfrac{売上高}{総労働時間}$ ＝ $\dfrac{売上高}{総人時}$

$$= \dfrac{12,000}{4,800} = 2.5 \ (万円/人時)$$

$$\therefore 25,000 \ (円/人時)$$

人時生産性 ＝ $\dfrac{粗利益高}{総労働時間}$ ＝ $\dfrac{粗利益高}{総人時}$

$$= \dfrac{40,000,000}{4,800} = 8333.3 \ (円/人時)$$

ただし書きにより, 1円未満を切り捨てると, 8,333 (円/人時)

なお, 本問の場合, 「販売管理費」は無視してよい。

このように, 正解を導くのに不必要なものが条件として与えられることもあるので, その点を自分で判断しなければならない。

⑯ ア－113　　イ－80

解説 補充生産性(品出し生産性)の計算式は次の通りである。

$$補充生産性＝\frac{品出し数}{品出し人時}$$

よって，A 店の補充生産性$＝\frac{45,000}{180}＝250$

B 店の補充生産性$＝\frac{63,000}{210}＝300$

C 店の補充生産性$＝\frac{78,200}{230}＝340$

D 店の補充生産性$＝\frac{84,000}{350}＝240$

次に，基準達成率の計算式は次の通りである。

$$基準達成率＝\frac{補充生産性}{基準}$$

A ～ D 店舗のうち，補充生産性が最も高いのは C 店舗なので，

C 店舗の基準達成率$＝\frac{340}{300}＝1.133$

よって，113.3%

ただし書きにより，1％未満を四捨五入すると，

C 店舗の基準達成率は 113%

A ～ D 店舗のうち，補充生産性が最も低いのは D 店舗なので，

D 店舗の基準達成率$＝\frac{240}{300}＝0.8$

よって，80.0%

したがって，C 店舗の基準達成率は 80%

ローコストオペレーションの戦略的展開

第4章

ローコストオペレーションの実際（1）
ローコストオペレーションの必要性，ローコストオペレーションを支えるための経営管理手法（1）

□ 次のア～オは，ローコストオペレーションに関して述べたものである。正しいものには1を，誤っているものには2を記入しなさい。

ア　今日業績を伸ばしている小売業に共通する1つの要因として，ローコストを前提にした経営構造があげられる。

イ　ローコストオペレーションは，生産性を向上させるための仕組み（システム）を確立させ，売上高が大幅に増加しない状況の中でも，一定の利益を確保することをねらいとしている。

ウ　営業利益率を向上させるには，売上高総利益率を高めたり，売上高販管費率を下げたりする方法があるが，売上高総利益率を高めるにはローコストオペレーションの構築が不可欠となる。

エ　労働分配率とは売上高に占める人件費の割合のことで，小売業の労働分配率は一般に30％程度である。

オ　ローコストオペレーションの実施にあたっては，人件費を「総人時×1人時単価」で考える。

POINT!! 解説

アとイ：ローコストオペレーション（Low Cost Operation）とは，売上高販管費率と損益分岐点比率を低く抑えた店舗運営をいう（試験に出た！）。売上高販管費率を低く抑えるとは，売上高に伴い生じる販売管理費を抑制させること。損益分岐点比率を低く抑えるとは，損益分岐点に達するための売上高を低い水準にすること。つまり，売上高が多くなくても，損益分岐点に達するよう経費を抑制するということである。

ウ：売上高営業利益率 $= \dfrac{\text{営業利益}}{\text{売上高}} = \dfrac{\text{売上総利益} - \text{販売費・一般管理費}}{\text{売上高}}$

$\qquad\qquad\quad = \dfrac{\text{売上総利益}}{\text{売上高}} - \dfrac{\text{販売費・一般管理費}}{\text{売上高}}$

$\qquad\qquad\quad = \text{売上高総利益率} - \text{売上高販管費率}$

∴売上高営業利益率（営業利益率）＝売上高総利益率−売上高販管費率

したがって，営業利益率を向上させるには，売上高総利益率（粗利益率）

図　人件費のコントロールの考え方

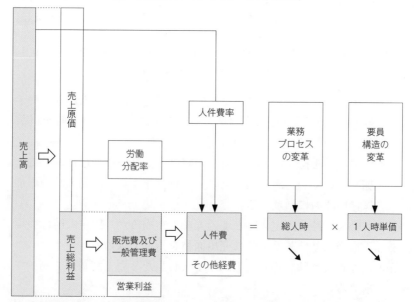

出所：『販売士ハンドブック（発展編）』

を高めるか，それとも売上高販管費率を下げるかということになる。もちろん，その両方が可能ならば，営業利益率を一段と向上させることになる。

　売上高総利益率を高めるにはリスクマーチャンダイジング（試験に出た!），売上高販管費率を下げるにはローコストオペレーションの構築が不可欠となる。リスクマーチャンダイジングとは，自主マーチャンダイジングのことである。

エ：労働分配率＝$\dfrac{\text{人件費}}{\text{粗利益}}$（試験に出た!）　人件費率＝$\dfrac{\text{人件費}}{\text{売上高}}$

　一般に，小売業の場合，労働分配率は 45 ～ 48%，人件費率は 8 ～ 10% という企業が多い。P107 では，人件費率は 20% となっているが，この数字は小売業の全体平均である。

オ：総人時とは，売場を運営するのに必要となる人時のこと。1 人時単価とは，1 時間当たりの平均賃金のこと。（試験に出た!）よって，人件費＝総人時 × 1 人時単価（試験に出た!）

　なお，ローコストオペレーションの仕組を作るにあたっては，「人時計画」と「作業そのものの効率化」という 2 つの側面からのアプローチが必要となる（試験に出た!）。

正解　□ ア 1　□ イ 1　□ ウ 2　□ エ 2　□ オ 1

□ 次のア～オは，必要人時の計算に関して述べたものである。正しいものには1を，誤っているものには2を記入しなさい。

ア　小売店を運営するにあたっては，売場面積1坪当たりの売上総利益（粗利益）を一定水準で維持するための必要人時を計算し，管理していくことが重要である。

イ　売場を維持するのに必要な人時は売上高の増加に比例して増加していくが，ある売上高の分岐点を超えると，売上高の増加に伴い急激に増加する。

ウ　必要人時は固定人時と変動人時から成るが，固定人時は売場1坪当たりの基準人時に売場面積を掛けて求める。

エ　変動人時は，年間売上高を1人時当たり売上高基準で割って求める。

オ　固定人時と変動人時を比較して，これらの小さいほうを必要人時とする。

POINT!! ▶ 解説

ア：売場面積1坪当たりの売上総利益（粗利益）を一定水準で維持するための必要人時とは，売場面積1坪当たりの売上総利益を一定水準で維持するために最低必要な人時のことである。

イ：必要人時は売上高の増加に比例して増加するのではない。企業が生産を行う際の固定費と同様，売上高に関係なく，ある時点までは売場維持のため，一定の人時が必要となる。この一定の人時のことを固定人時という。

　　そして，ある売上の分岐点を超えると，売上高の増加に伴い，人時も増加することになる。こうした人時を変動人時という。P117の図「必要人時の考え方」を参照。

ウ：右図に示されるように，坪当たり必要人時が200人時であり，売場面積が300坪である場合，固定人時は200 × 300 ＝ 60,000（人時）となる。

エ：右図に示されるように，年間の売上高が15億円であり，1人時当たり売上高基準が20,000円の場合，変動人時は1,500,000,000 ÷ 20,000 ＝ 75,000（人時）となる。

ローコストオペレーションの実際

第1章

第2章

第3章

第4章

第5章

模擬テスト

図 必要人時の一般的な計算手順

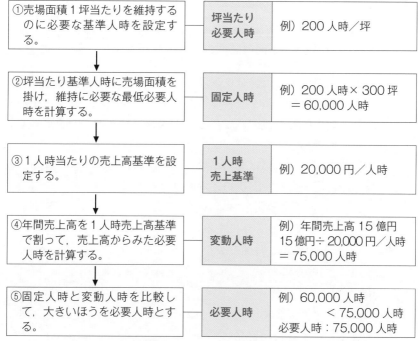

①売場面積1坪当たりを維持するのに必要な基準人時を設定する。	坪当たり必要人時	例）200人時／坪
②坪当たり基準人時に売場面積を掛け，維持に必要な最低必要人時を計算する。	固定人時	例）200人時×300坪＝60,000人時
③1人時当たりの売上高基準を設定する。	1人時売上基準	例）20,000円／人時
④年間売上高を1人時売上高基準で割って，売上高からみた必要人時を計算する。	変動人時	例）年間売上高15億円 15億円÷20,000円／人時＝75,000人時
⑤固定人時と変動人時を比較して，大きいほうを必要人時とする。	必要人時	例）60,000人時＜75,000人時 必要人時：75,000人時

出所：『販売士ハンドブック（発展編）』

オ：上図に示されるように，固定人時と変動人時を比較して，大きいほうを
必要人時とする。上図においては，固定人時が60,000（人時），変動人時
が75,000（人時）であることから，変動人時の75,000（人時）が必要人時
となる。

　なお，年間売上高が10億円の場合，

　　10億円÷20,000円／人時＝50,000人時

　よって，変動人時は50,000人時，固定人時は60,000人時であるので，
60,000＞50,000　より，年間売上高が10億円の場合，必要人時は
60,000人時となる。

正 解 □ ア 1 □ イ 2 □ ウ 1 □ エ 1 □ オ 2

□ 次の文章は，売上高低下時の人時削減に関する記述である。文中
の〔　〕の部分に，下記の語群のうち最も適当なものを選びなさい。

　売上高が低下した場合に課題となるのは，いかに人時を削減し
て店舗での〔ア〕構造を改善するかである。そのためには，1坪当
たり必要人時を削減することと，1人時当たりの〔イ〕を高めるこ
とが必要である。

　人時を削減するには業務プロセスの改善が必須条件となる。具
体的な対応策として，次の4つが考えられる。

　(1) 1人の守備範囲を〔ウ〕しないこと

　(2)〔エ〕ができるようにすること

　(3)作業の種類と時間を少なくすること

　(4)〔オ〕すること

〈語　群〉

①狭く　　　　②広く　　　　③売上高

④資本　　　　⑤自己啓発　　⑥収益

⑦アウトソーシング　　　⑧経常利益

⑨差別的セグメント　　　⑩クロス配置

POINT!! 解説

　ア と イ：売上高が低下した場合，粗利益率(粗利益÷売上高)が同じであると，
粗利益は必然的に低下することになる。このため，収益構造を改善するた
めには，1坪当たり必要人時を削減するか，1人時当たりの売上高を高め
ることが必要となる。

　　ただ，売上高が低下しているので，売上高を増加することはできない。
したがって，収益構造を改善するためには，まず，1坪当たり必要人時を
削減し，その結果として，1人時当たりの売上高を高めることになる。

　ウ〜オ：ハンドブックでは，人時を削減するための具体的な対応として，次
の4つを挙げている。

　①1人の守備範囲を狭くしないこと

第1章

第2章

第3章

第4章

第5章

模擬テスト

1人で10坪の売場を維持しても，3人で30坪の売場を維持しても，1人当たりの売場面積は10坪であるので，1人当たりの人時は同じであると考えてしまうが，実際にはそうではない。守備範囲を狭くして専門化すれば仕事の効率は向上するが，業務が多種類に及ぶ場合，かえって人時が増えてしまうことになる。したがって，人時を削減するためには，1人の守備範囲を狭くしないことである。

②クロス配置ができるようにすること

クロス配置とは，1人が休日で欠けても，他の人が対応できるよう配置することをいう。クロス配置を行うことで固定人時を削減できることになる。

③作業の種類と時間を少なくすること

作業の種類を少なくしたり，作業自体を単純化することで，作業時間を少なくすること。

④アウトソーシングすること

アウトソーシング（Outsourcing）とは，企業が重要な業務に集中し，そうでない業務を専門の業者に外部委託することをいう。したがって，店内で行わず，外部の専門業務に委託した方が効率が上がる場合，アウトソーシングするとよい。

正解 □ ア ⑥ □ イ ③ □ ウ ① □ エ ⑩ □ オ ⑦

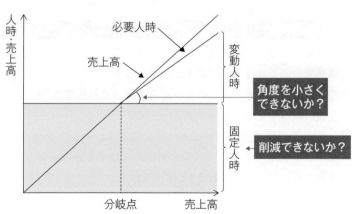

出所：『販売士ハンドブック（発展編）』

図　必要人時の考え方

ローコストオペレーションの実際（4）
ローコストオペレーションを支えるための経営管理手法（4）

□ 次の文章は人時管理の目的に関して述べたものである。文中の〔　〕の部分に，下記の語群のうち最も妥当なものを選びなさい。

　　小売店を運営するのに必要な〔ア〕別作業は，〔イ〕，販売状況，納品のタイミングなどによって異なる。そのため，必要作業の内容を調査し，それらの作業を実施するのに必要な〔ア〕別の〔ウ〕を配置する。重要なのは，出勤している従業員に何の作業をどれだけやってもらうかではなく，必要な作業が〔ア〕で〔エ〕されており，それらの作業を誰にやってもらうかということである。

　　なお，効率化をねらうあまり，顧客への〔オ〕がおろそかになっては他店との競争には勝てない。重要なのは，〔ア〕別に決められた〔オ〕レベルを維持しながら販売効率を高めることである。

〈語　群〉

①品出し　　　②サービス　　　③変動
④店舗　　　　⑤要員　　　　　⑥必要人時
⑦固定　　　　⑧時間帯　　　　⑨品ぞろえ
⑩客数

POINT!! ▶ 解説

　ハンドブックでは，人時管理の目的として，次の3つを挙げている。
①時間帯での必要な作業と要員を一致させる
②小売店が政策として決定したサービスレベルを維持する
③小売店の政策を完全に実施する。
　上文は①と②に関する文章である。③について，ハンドブックは，「時間帯別に従業員を管理することで政策を売場の末端まで浸透させ，それを完全な形で実現することが求められる」と述べている。

正解 □ ア⑧　□ イ⑩　□ ウ⑤　□ エ⑦　□ オ②

実力養成問題　ローコストオペレーションの実際（5）
ローコストオペレーションの戦略的展開（1）

□ 次の文中の〔　〕の部分に，下記の語群のうち最も適当なものを選びなさい。

　店舗運営の作業効率を高め，生産性を向上させる仕組みづくりには，人時計画と作業そのものの効率化，という2つの側面からのアプローチが欠かせない。

　人時計画からのアプローチでは，まず〔ア〕を達成するための〔イ〕計画を立案し，そこで立てられた売上高や売上総利益の目標を年間52週の〔ウ〕計画に落とし込む。その〔ウ〕計画を実現するために人時計画を立て，目標とする人件費率や労働分配率の枠内で収まる人時を求めて必要な〔エ〕を割り出す。そして，週別の人時を日ごと，〔オ〕ごとに落とし込んで実行に移す。

〈語群〉
①月　　　　②経常利益　　　③収支
④在庫　　　⑤人員　　　　　⑥目標利益
⑦時間帯　　⑧販売　　　　　⑨経費
⑩1人時単価

POINT!! 解説

　ローコストオペレーションへのアプローチは，人時計画と作業そのものの効率化という2つの側面から行われる。

　人時計画からのアプローチは次の手順で行われる。

①目標利益を達成するため，収支計画を立案する。

②収支計画で立てられた売上高や売上総利益の目標を，年間52週で実現できるよう販売計画を立てる。

③販売計画を実現するため人時計画を立てる。その際，目標とする人件費率や労働分配率から人時を求め，必要な人員を計算する。

④週別の人時を日別，時間帯別に順次割り振る。

正解　□ ア⑥　□ イ③　□ ウ⑧　□ エ⑤　□ オ⑦

☐ 次の文中の〔 〕の部分に，下記の語群のうち最も適当なものを選びなさい。

「店舗合計の人時計画」の作成は，次のように行う。

たとえば，年間目標売上高が30億円で売上総利益率が20％とすると，売上総利益は6億円となる。収支計画にもとづく労働分配率が35％ならば，〔ア〕億円が人件費の総枠となる。人件費＝総人時×1人時単価であるから，1人時単価がわかれば総人時を求めることができる。この総人時が，今期の当該店舗における人時の合計となる。

パートタイマー比率が70％，パートタイマーの1人時単価が850円とすると，〔イ〕円がパートの相乗積となる。

また，社員の1人時単価が2,500円とすると，〔ウ〕円が社員の相乗積となる。

そして，これを合計した〔エ〕円がこの店舗の1人時単価となる。また，〔ア〕億円の人件費を1人時単価で割った〔オ〕人時が今期の総人時である。

〈語　群〉

① 4.2　　　　② 2,083　　　　③ 127,389

④ 1,214　　　⑤ 2.1　　　　　⑥ 1,345

⑦ 595　　　　⑧ 156,134　　　⑨ 750

⑩ 3,297

POINT!! 〉解説

ア：労働分配率 $= \dfrac{\text{人件費}}{\text{売上総利益(粗利益)}}$ （試験に出た！）

売上総利益 $= 6$（億円），労働分配率 $= 35\%$ であることから，これらを上式に代入すると，

$$0.35 = \dfrac{\text{人件費}}{6}$$

人件費 $= 6 \times 0.35 = 2.1$（億円）

イ〜エ：イとウについては，次のような方法で計算する。

イについては，$850 \times 0.7 = 595$（円）

ウについては，$2{,}500 \times 0.3 = 750$（円）

したがって，エは，$595 + 750 = 1{,}345$（円）

また，たとえば，パートタイマー比率が60％で，パートタイマーは1人時単価が1,000円，社員の1人時単価が3,000円の場合，店舗の1人時単価は次のように計算する。

$1{,}000 \times 0.6 = 600$（円）

$3{,}000 \times 0.4 = 1{,}200$（円）

したがって，$600 + 1{,}200 = 1{,}800$（円）

もし，上記の計算法が納得できない場合には，パートタイマー比率が50％ということで，次のように計算してみるとよい。

$1{,}000 \times 0.5 = 500$（円）　　$3{,}000 \times 0.5 = 1{,}500$（円）

したがって，$500 + 1{,}500 = 2{,}000$（円）

〈注〉「パートタイマー比率の求め方」はP124を参照してください。

オ：人件費 $=$ 総人時 $\times$ 1人時単価

人件費 $= 2.1$（億円），1人時単価 $= 1{,}345$（円）であることから，次式が成立する。

$$210{,}000{,}000 = \text{総人時} \times 1{,}345$$

$$\text{総人時} = \dfrac{210{,}000{,}000}{1{,}345} \fallingdotseq 156{,}134 \text{（人時）}$$

なお，人時生産性 $= \dfrac{\text{売上総利益}}{\text{総人時}}$ であることから，

$$\text{人時生産性} = \dfrac{600{,}000{,}000}{156{,}134} \fallingdotseq 3{,}843 \text{（円）}$$

正解　□ ア⑤　□ イ⑦　□ ウ⑨　□ エ⑥　□ オ⑧

ローコストオペレーションの実際（7）
ローコストオペレーションの戦略的展開（3）

□ 次のア～オは，人時計画の進め方と作業の効率化に関する記述である。正しいものには1を，誤っているものには2を記入しなさい。

ア 人時計画作成の第1ステップは，店舗合計での人時計画を作成し，それを年間で52週に分けることである。

イ 「52週の人時計画」の作成の第1ステップは，年間の粗利益合計を100％として，週別の粗利益構成比を求めることである。

ウ 「部門別の人時計画」では，衣料品部門，レジ部門などの各部門の人時を計算し，これらを合計した人時が店舗合計での総人時と近似していれば，各部門で計画したパート比率にしたがって，パートタイマー人時などを計算する。

エ 作業そのものの効率化では，作業の種類を少なくできないので，作業種類別の量を少なくする方向で見直していく。

オ 作業量を削減して，作業効率をアップしていくための原則は，集中化，平準化，機械化，アウトソーシングである。

POINT!! 解説

ア：ハンドブックでは，人時計画作成のステップは次の手順で進めるとしている。

①店舗合計での人時計画を作成する。試験に出た！

②店舗合計での人時計画を年間で52週に分ける。試験に出た！

③部門別の人時計画を作成する。試験に出た！

④部門別の人時計画を52週に分ける。

⑤週の平均を基本とした曜日別の人時計画を作成する。試験に出た！

⑥日別の要員配置計画を作成する。試験に出た！

　ここでのポイントは，まず店舗合計の人時計画を作成し，「部門別」→「週別」→「曜日別」→「日別」に落とし込むということである。

イ：ハンドブックでは，「52週の人時計画」の作成は下図のステップで行うとしている。

図 52週の人時計画作成のステップ

i)年間の売上高合計を100%として週別の売上構成比を求める

↓

ii)この売上構成比に総人時を掛けて週別の人時を配分していく

↓

iii)総人時を52週で割って週の平均値を求め，この平均値で各週の人時を割って週別指数を求める

出所：『販売士ハンドブック（発展編）』

i)たとえば，年間売上高合計が3億円，1週目の売上高が600万円のとき，1週目の売上構成比は次のようになる。

600（万円）÷ 30,000（万円）＝ 0.02　つまり，2％となる。

ii)総人時が200,000（人時）とすると，1週目の人時は次のようになる。

200,000 × 0.02 ＝ 4,000（人時）

つまり，1週目に4,000（人時）使えることになる。

また，このとき，パートタイマー比率が70％となると，

4,000 × 0.7 ＝ 2,800（人時）

つまり，パートタイマーだけの人時が2,800（人時）となる。

iii)総人時が200,000（人時）とすると，これを52で割ったものが週の人時の平均値となる。

200,000 ÷ 52 ≒ 3,846（人時）

1週目の人時は4,000（人時）であるので，

4,000 ÷ 3,846 ≒ 1.04　　これ（104％）が週別指数である。

　週別指数が105％以上をAランク，95〜105％をBランク，95％以下をCランクとする。Aランクの週の場合，多めの要員を配置する必要がある。Bランクの週は基準に近い要員，Cランクの週は基準より少なめの要員を配置する。

ウ：「部門別の人時計画」では，衣料品部門，食料品部門，レジ部門，管理部門などの各部門の人時を計算し，これらを合計した人時が最初に計算した店舗合計の総人時に近似しているかどうかがポイントになる。もし，かなりずれていたら，各部門の人時を見直す必要がある。なお，「部門別の人

時計画」では，過去の実績などを参考に，部門別の人時売上高基準を決める。

エ：作業そのものの効率化のアプローチでは，商品の補充，ディスプレイの方法，販売の方法などの作業分析を行い，作業別の効率化をめざす。そして，その際，作業の種類を少なくすることと，作業種類別の量を少なくする，という２つの方向から見直しを行う。

オ：ハンドブックでは，作業効率化の原則として，「集中化（Centralization）」「平準化（Leveling）」「機械化（Mechanization）」「アウトソーシング（Outsourcing）」を挙げている。

正 解 □ ア 1 □ イ 2 □ ウ 1 □ エ 2 □ オ 1

表　パートタイマー比率の求め方

氏名	時間（A） １日当たり 勤務時間	人 B＝A／8 8時間換算に よる要員数	日（C） 年間 勤務日数	時間（D） 年間 残業時間	人時 E＝A×C＋D 年間 労働時間
社員1	8	1.00	250	110	2,110
社員2	8	1.00	250	90	2,090
社員計	16	2.00	500	200	4,200
パート1	6	0.75	210	26	1,286
パート2	7	0.88	230	18	1,628
パート3	5	0.63	220	12	1,112
パート4	8	1.00	250	10	2,010
パート計	26	3.26	910	66	6,036
計	42	5.26	1,410	266	10,236

| 8時間換算によるパートタイマー比率 | 3.26 ÷ 5.26 ＝ 62.0% |

| 年間労働時間換算によるパートタイマー比率 | 6,036 ÷ 10,236 ＝ 59.0% |

注）パートタイマー勤務日数が異なるため，正しくパート比率を求める場合は人時に置き換えて計算する。

出所：『販売士ハンドブック（発展編）』

第1章

第2章

第3章

第4章

第5章

模擬テスト

実力養成 問題　店舗生産性の実態（1）
小売マネジメントと店舗生産性

□ 次のア〜オは，小売マネジメントと店舗生産性について述べたも
のである。正しいものには1を，誤っているものには2を記入し
なさい。

ア　小売店経営の第1ミッションとすべきことは，従来より商品構
成（品ぞろえ）問題で，売れ筋商品をそろえ，死に筋商品を排除す
ることである。

イ　生産性とは，労働時間当たりの付加価値額を示すもので，一般
的に，従業員1人当たり粗利益高，人時当たり粗利益高をいう。

ウ　店舗生産性の上昇をはかるため，1990年代以降，パートタイ
マー比率が引き上げられたが，今日の小売業ではパート化比率も
70〜80％と限界水準に達している。

エ　2020年の「日本の統計」（総務省統計局）によれば，2016年にお
ける小売業1店舗当たりの売場面積は約135㎡（41坪）で，年商
約3.0億円である。

オ　2020年の「企業活動基本調査」（経済産業省）によれば，2019年
における小売業の1企業当たりの売上高営業利益率は12.3％で，
比較的高いものであった。

POINT!!　解説

ア：ハンドブックには，これに関して，次のように記述されている。

　「日本における小売店経営の基本的な課題は，商品構成（品ぞろえ）であ
り，従来より「死に筋商品を排除し，売れ筋商品をそろえることで，店舗
の経営問題は解決する」とされてきた。しかし，今日の店舗経営の基本的
な課題は，店舗における人時生産性を向上させるための作業種類，作業方
法，組織およびマネジメント方法をつくることにシフトしている。人時生
産性が向上しない限り，小売業の継続的成長は難しい。」

　要は，店舗運営の第1は人時生産性の向上にあるということ。それを前
提として，小売業の場合，商品構成（品ぞろえ）が経営上，重要課題となる
ということである。

イ：従業員1人当たり粗利益高（売上総利益）$= \dfrac{\text{粗利益高（売上総利益）}}{\text{従業員数}}$

　　人時当たり粗利益高（売上総利益）$= \dfrac{\text{粗利益高（売上総利益）}}{\text{総人時}}$

ウ：チェーンストアなどは1990年代以降，商品単価および坪当たり売上高の下落への対応策として，パートタイマー比率を引き上げてきた。パートタイマー比率を引き上げると，人件費削減につながり，その分，営業利益は増加することになる。ただ，パートタイマー比率は70～80％に達しており，これ以上の引き上げは困難である。

　　つまり，パートタイマー比率を引き上げることで利益を維持してきたが，これは本来の生産性の向上ではない。本格的に生産性向上をはかるためには，店舗の現場における商品管理と在庫管理作業の構造改革を行う必要がある。

エ：2020年の「日本の統計」によれば，小売業の全事業所数は99万246店，従業者数765万4,443人，年間販売額145兆1,038億円，売場面積1億3,534万m^{2}である。これを，1店舗当たりに換算すると，売場面積約135m^2（約41坪），年商1.5億円，従業員数約8人。

　　この箇所で，試験に出る確率が高いのは，1店舗当たりの売場面積，年商，従業員者であろう。よって，これらは丸覚えしておくとよい。

オ：2020年の「企業活動基本調査」（経済産業省）によれば，小売業の1企業当たりの売上高は249億5,000万円，営業利益は6億9,000万円である。1企業当たりの売上高営業利益率でみると2.8％で，生産性の低さが浮き彫りになる。つまり，ここでのポイントは，小売業の1企業当たりの売上高営業利益率は低い，と覚えておくことである。

正解　□ ア 2　□ イ 1　□ ウ 1　□ エ 2　□ オ 2

実力養成問題　店舗生産性の実態（2）
小売業の生産性

□　次のア～オは，小売業の生産性に関する記述である。正しいものには1を，誤っているものには2を記入しなさい。

ア　大手小売業の従業員1人当たりの粗利益高はおおむね年800万円～1,000万円で，この数値は零細小売業を含んだ小売業全体の約2倍である。

イ　小売業の本部，物流センター，店舗の総賃金を含む1坪当たりの賃金をみると，50万円～60万円であり，1週間で1坪当たりおおむね10,000円～12,000円である。

ウ　大手小売業の場合，従業員1人当たりの担当売場面積は平均で，30坪～40坪である。

エ　日本における小売店共通の弱点は，利益に結びつける作業の有効化が弱い点と，現場技術の遅れにより依然人手に依存した作業が続けられている点である。

オ　部署を越えた商品作業のワークフロー（全体作業工程）が欠落していると，作業工程による単位作業がないため，単位作業量の計測ができない，などの状態が生じることになる。

POINT!!　解説

ア：粗利益高＝販売管理費＋営業利益

販売管理費は「販売費及び一般管理費」「販管費」「営業費」とも呼ばれ，この中には人件費も含まれている。

よって，大手小売業の従業員1人当たりの粗利益高が年800万円～1,000万円ということは，従業員1人当たりの年収はそれよりも低いということである。したがって，年800万円～1,000万円の粗利益高は零細小売業を含んだ小売業全体の約2倍とはいうものの，賃金からすると，十分な成果を生んでいるとは言えない。

イ：ハンドブックによれば，「本部，物流センター，店舗の総賃金を含む1坪当たりの賃金は15万円～21万円であり，1週間で1坪当たりおおむね2,900円～4,000円の人件費がかかっている」。

ここでは,「1坪当たりの賃金が15万円～21万円で, 1週間で1坪当たり約2,900円～4,000円の人件費がかかっている」ことを覚えておくことがポイント。150,000 ÷ 52 (週) ＝ 2884.6 (円), 210,000 ÷ 52 (週) ＝ 4038.4 円

　　また, 日本の小売業の場合, 店舗における生産性が低いため, 1坪当たりのコスト(営業費÷売場面積)はおおむね50万円を上回っている。

ウ：これについて, ハンドブックは,「店舗の生産性を典型的に示すものとして, 従業員1人当たりの担当売場面積がある。大手小売業の平均は10坪～15坪であるため, 1坪当たりの売上高が400万円以上なければ店舗運営は難しくなる。大手小売業の利益面での課題は, 1人当たりの担当売場面積を増加させることができない点にある」と述べている。

エ：作業の有効化とは, 売場の1坪当たり総作業人時を減らすことである。これが進んでいないということは, 売場の1坪当たり総作業人時が減っていないということである。

　　作業の有効化を推進するためには, (1)商品についての必要作業を計画化し, (2)必要作業量と標準人時を計算し, (3)人員を割り当てる, という作業マネジメントを実施しなければならない。すなわち, 部署を越えた商品作業のワークフロー (全体作業工程)が不可欠となる。

オ：ハンドブックでは, 部署を越えた商品作業のワークフローが欠落すると, 次の(1)～(3)のような状態になると指摘している。

(1)作業工程による単位作業がないため, 単位作業量の計測ができない。

(2)作業量と必要標準時間の計測ができないため, ワークスケジューリング(作業割当)ができない。

(3)ワークスケジューリングができないため, 手待ちの時間が生じる。

正解　□ ア 1　□ イ 2　□ ウ 2　□ エ 1　□ オ 1

実力養成問題　ロス削減のためのワークスケジューリング（1）
ロスの管理と削減法（1）

□ 次の文中の〔　〕の部分に，下記の語群のうち最も適当なものを選びなさい。

　商品の欠品から生じる販売機会ロスの原因は大別して4つあるが，これらのうち欠品の最たるものは，品ぞろえ計画書と店舗における作業との差があるために生じる〔　ア　〕である。この原因には，次のようなものがある。

(1)ルーティーンワークとしての売場における〔　イ　〕。

(2)マネジメントの問題……売場の〔　ウ　〕と損益の週間管理が不十分。

(3)プロモーションの問題……販売促進商品や特売用商品の売れ残りに関する責任が不明確。

　小売業としては，顧客のニーズを起点とした品ぞろえを行い，〔　エ　〕を徹底する必要がある。

　近年，メーカーや〔　オ　〕における在庫削減の動きにつれて，リードタイムの変更が頻繁に発生している。入荷遅れによる欠品を防止するためには，小売業と〔　オ　〕の情報共有化だけでなく，安易な返品をしないことも重要である。

〈語群〉
①過少在庫　　②販売予測　　③ベンダー
④売場欠品　　⑤過多在庫　　⑥販売実績
⑦ロスリーダー　　⑧基準売上高管理
⑨基準在庫管理　　⑩仕入先欠品

POINT!!　解説

　上文は，販売機会ロス発生の原因と解決法に関する記述である。

　上文の要旨は，販売機会ロス発生の最大の原因は売場欠品にある。また，売場欠品の主な原因は売場における過少在庫，売場の販売実績などの週間管理が不十分であること。その解決法の1つとして，安易な返品をしないことが挙げられる，というもの。

正解　□ ア④　□ イ①　□ ウ⑥　□ エ⑨　□ オ③

□ 次のア〜オは, 統計的基準在庫管理方式とロスの削減法に関する記述
である。正しいものには1を, 誤っているものには2を記入しなさい。

ア 統計的基準在庫管理方式とは, 発注の基準となる量や期間を過
去の実績から設定し, 運用・管理する方式で, 各品目を個々に管
理するものである。

イ 統計的基準在庫管理方式による基準在庫数量のメンテナンスに
は, 店舗での品目別在庫数量と販売数量のリアルタイムな集計が
不可欠となる。

ウ 店舗で取り扱う品目は, 長期(年間)定番, 季節定番, 集荷特売,
特価特売に分類することができるが, これらのうち, 長期定番の
品目についてのみ, 統計的基準管理方式を採用し, 補充発注を行う。

エ 統計的基準在庫管理にあたっては単品管理を主体とするため,
小売業は現金ベースでの利益管理であるキャッシュフロー管理よ
りもむしろ, 財務会計上の粗利益計算を重視する必要がある。

オ ロスとは, 一般に万引, 売価変更, 消費期限切れによる廃棄,
販売機会の見誤り, 死に筋商品の発生による劣化などによって生
じる利益の減少のことで, こうしたロスの削減にあたり重要なこ
とは万引を除いて, 発注の精度を向上させて, 各種コストをゼロ
に近づけることである。

POINT!! 解説

ア:統計的基準在庫管理方式を導入する際, 基準在庫量のメンテナンスに関す
る責任者(在庫コントローラー)を決定する必要がある。

ハンドブックは, 在庫コントローラーについて, 「チェーンストアの商品
部に属し, 店舗別の在庫のバラツキを発見して店間移送の指示を出したり,
値下販売の助言をバイヤーに行ったりするなど, 在庫調整の対策を数値で判
断する専門職位のことで, ディストリビューターと呼ぶ小売業もある」と述
べている。

イ：そのため，統計的基準在庫管理方式による基準数量のメンテナンスには，コンピュータを使った発注数量計算（CAO）のワークフロー化が必要になる。

　　ハンドブックは，CAO（Computer Assisted Ordering）について，「各商品の在庫数をコンピュータが常に把握し，発注時点であらかじめ決められている発注量を下回ると，自動的に計算された発注指示が仕入先企業に送信されるシステム」と述べている。

ウ：長期（年間）定番と季節定番の品目については，統計的基準在庫管理方式を適用し，補充発注を行う。この補充発注は，売上予測数量だけを発注するものである。

　　集荷特売と特価特売については，類似品目とのデータ比較などの実験を行った後，定番化することになっている。集荷特売について，ハンドブックは「物流センターや同一チェーンの他店舗に分散している在庫商品を一か所に集荷して実施する特売のこと」と述べている。

エ：財務会計上の粗利益計算ではなく，現金ベースでの利益管理であるキャッシュフロー管理が必要である。

　　キャッシュフロー管理について，ハンドブックは「現金の流入および流出から小売業の財務の安全性を分析するときに使う方法のこと。経営分析上からは，減価償却費と留保利益の合計額が重視される」と述べている。

オ：ハンドブックでは，発注の精度を向上させて，各種コストをゼロに近づけるためには，次のような対策が必要としている。

　　①POS データの分析によって，売り切り能力を高めて適正な発注を行う。
　　②定番の売れ筋商品をより多く確保する。
　　③死に筋商品を早期発見し，早期の売価変更などを行う。

正解　□ア 1　□イ 1　□ウ 2　□エ 2　□オ 1

□ 次の文中の〔　〕の部分に，下記の語群のうち最も適当なものを選びなさい。

　　小売店においてロスを削減しようとする場合は，ロスの発生する原因を考える必要がある。ロスの主な原因をみると，〔ア〕の多さ，伝票記入のミス，商品〔イ〕の不備などの基本的なことが多い。すなわち，ロス発生の原因は，〔ウ〕の未確立から人材育成の問題まで，広範囲に及び実に多様である。

　　ロスを削減するには，「仕入れすぎず，出しすぎない」ことである。これを順守して実行すると，ロスは削減する。半面，欠品による〔エ〕ロスという別のロスが生じる。したがって，ロス管理とは，〔エ〕ロスを未然に防止し，実際の〔オ〕や見切りなどのロスを減らすことにほかならない。

〈語　群〉
①作業手順　　②在庫　　　③加工
④売価変更　　⑤販売　　　⑥保管
⑦商品廃棄　　　⑧販売機会
⑨発注　　　　⑩売り切り

POINT!! 解説

ウ：ロス発生の第１の原因は，発注数量の過多にある。よって，〔ア〕には発注が入る。結果として，発注数量が過多になるのは，販売予測の誤りによるものであるが，逆にいえば，販売量を予測することは大変難しいといえる。

　　また，ハンドブックはロス発生の原因に関連して，「ロス発生の原因は，作業手順の未確立から人材育成の問題まで，広範囲に及び実に多様であるため，原因を分析しても「どれから手をつけてよいかわからない」といったジレンマに陥ってしまうことが少なくない」と述べている。

正解　　□ア⑨　□イ⑥　□ウ①　□エ⑧　□オ⑦

実力養成問題　ロス削減のためのワークスケジューリング（4）
ロス管理における3つの作業視点（2）

□ 次のア～オは，生鮮食料品におけるロス管理に関して述べたものである。正しいものには1を，誤っているものには2を記入しなさい。

ア　生鮮食料品の場合，ロスを削減するための第1のステップは，発注段階でロスを抑えることである。

イ　ロスを削減するための第2のステップは，在庫段階でロスを抑えることである。

ウ　加工の段階でロスを抑えるには，1日1回の加工ではなく，販売状況を見ながら，小まめにサイクル加工する必要がある。

エ　売れ残りそうな商品は，見切りのタイミングを早めると，値下率も廃棄率も低くすることができる。

オ　少ないコストでサイクル加工するには，商品カテゴリー別の変動作業をできるだけ小さくすることである。

POINT!! 解説

アとイ：ハンドブックでは，生鮮食料品の場合，ロスを削減するには，図1に示すように3つのステップで作業を改善しなければならないとしている。

図1　ロス管理の3ステップ（生鮮食料品の場合）

第1段階：発注段階でロスを抑える
・発注精度を向上させる
・販売計画との連動をはかる

第2段階：加工段階でロスを抑える
・販売に応じた小まめな加工作業を行う
・コストのかからない作業システムをつくる

第3段階：在庫段階でロスを抑える
・売り切り，廃棄をしない
・見切り開始時間を設定する

出所：『販売士ハンドブック（発展編）』

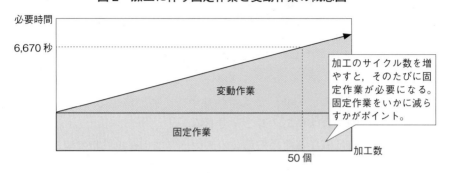

図2　加工に伴う固定作業と変動作業の概念図

変動作業	＝	加工数	×	1パック当たり加工時間
6,000秒		50個		120秒

固定作業　670秒
　・食材の取り出し：210秒　　・トレーの取出し　：70秒
　・調理器具の準備：　40秒　　・調理器具の片づけ：70秒
　・作業場の清掃　：280秒

必要人時	＝	変動作業	＋	固定作業
6,670秒		6,000秒		670秒

出所：『販売士ハンドブック（発展編）』

ウ：サイクル加工とは，仕入れた原料を加工する際，2～3回に分けて加工することをいう。これにより，加工量を調整できる。

　　発注ミスを犯し，ロスが発生しそうになった場合，販売状況に応じて加工することでロスを抑えることができる。発注ミスをした場合，1日1回の加工だと過剰生産になってしまう。ただし，加工を何度も行うと作業コストは増加することになる。

　　加工作業を分解すると，固定作業と変動作業に分けられる。固定作業は加工数に関係なく一定に発生する作業であり，変動作業は加工数の増加に伴い，増加する作業である。

エ：発注ミスを犯し，ロスが発生しそうになると，次の加工段階でサイクル加工を行うことでロスの発生を抑えることになる。しかし，加工段階でも作業ミスを犯した場合，在庫段階でロスの発生を抑えるよう対処しなくてはならない。

　　在庫段階でロスが発生するということは，生鮮食料品でいえば，売れ残ってしまい，値下ロスが発生し，さらに廃棄ロスの可能性があることである。

第1章

第2章

第3章

第4章

第5章

模擬テスト

こうしたロスをできるだけ少なくするためには，見切りのタイミングが重要となる。

スーパーマーケットの場合，夕方が販売のピークとなるが，販売のピークが終わった後で見切りを始めて値下をしても，結局，売れ残ることになる。見切りは販売のピークが始まる前から行うのがベターで，そうすることで，値下率を低くすることができ，廃棄率も低くなる。

なお，在庫段階でのロス対策のポイントは，売り切ってしまい，廃棄率をゼロにすることである。なぜなら，廃棄となると，原価の回収もできなくなる。

表　ロス率の違いによる担当者の行動

ロス率の高い担当者の場合	ロス率の低い担当者の場合
・売上高のピークが終わった後に見切りを開始する。 ・3割引，4割引といった大きな値下をする。 ・それでも売れ残り，多くの廃棄を行う。	・売上高のピークが始まる前から見切りを開始する。 ・1割引，2割引といった少ない値下をする。 ・売り切ってしまい，廃棄をなくす。

出所：『販売士ハンドブック（発展編）』

オ：ハンドブックでは，少ないコストでサイクル加工を行う方法として次の2点を挙げている。

①商品カテゴリー別の固定作業をできるだけ小さくする。

②サイクル加工する商品の選定基準を明確にする。

①については，加工を行うたびに固定作業は同じだけかかることから，これを少なくすることがコスト削減につながる。変動作業の場合，コストは生じるものの，その増加にともない加工品がつくられている。

②については，すべての商品をサイクル加工はできないので，加工数が多い商品，ロスが出やすい商品，鮮度劣化が激しい商品などの基準を設定し，サイクル加工する商品を選別することが重要となる。

正解　□ ア 1　□ イ 2　□ ウ 1　□ エ 1　□ オ 2

ロス削減のためのワークスケジューリング (5)
見切り基準時間を設定するオペレーション

□ 次の文中の〔　〕の部分に，下記の語群のうち最も適当なものを選びなさい。

〔ア〕基準時間の設定の仕方は以下の通りである。

まず最初に，開店から閉店までの時間帯別の売上高の平均値を調査する。そして，その売上合計を〔イ〕とし，時間帯別の売上高〔ウ〕を計算し，グラフ化する。そのグラフを使って，夕方の販売ピーク時間帯をチェックする。

次に，時間帯別売上高〔ウ〕を累計して，〔エ〕を超える時間帯を探す。この時間帯のことを〔オ〕時間という。

これらのデータを利用して〔ア〕の基準時間を設定する。設定のポイントは，〔オ〕時間以降で，販売ピークの前に設定することである。

〈語　群〉

① 50%　　　② 折返し　　　③ 70%
④ 80%　　　⑤ 売れ残り　　⑥ 見切り
⑦ 廃棄　　　⑧ 100%　　　⑨ 構成比
⑩ 最高値

POINT!! 　解説

ア：上文は「見切り基準時間」の設定法に関する記述である。したがって，「見切り」が入る。

イとウ：上文には，「まず最初に，開店から閉店までの時間帯別の売上高の平均値を調査する」と書かれてある。ここでの「時間帯別の売上高の平均値」とは，図「見切り基準時間の決め方」の売上高の欄にある，67，147，207……をいう。同図において，10 時の時間帯での売上高が 67 となっているが，この数字は何回か調査し，その平均値が 67 であったということである。そして，10 時〜20 時までの時間帯の売上高の平均値を合計すると，その合計値が 1,500 というきりのよい数字となったということである。

時間帯別の売上高の平均値が判明すると，その売上合計を 100% とし，時

図　見切り基準時間の決め方

時　間	10	11	12	13	14	15	16	17	18	19	20	計
売上高	67	147	207	180	151	96	57	234	207	96	58	1,500
構成比(%)	4.5	9.8	13.8	12.0	10.1	6.4	3.8	15.6	13.8	6.4	3.8	100.0
累　計(%)	4.5	14.3	28.1	40.1	50.2	56.6	60.4	76.0	89.8	96.2	100.0	

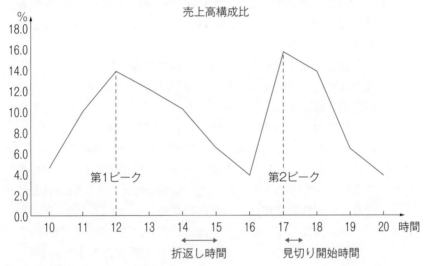

出所：『販売士ハンドブック（発展編）』

　間帯別の売上高構成比を計算する。計1,500が売上合計であり，4.5％，9.8％，13.8％などが時間帯別の売上高構成比である。したがって，イには「100％」，ウには「構成比」が入る。

エとオ：時間帯別売上高構成比を累計して，50％を超える時間帯のことを折返し時間という。

　上図では，14時における累計の構成比が50.2％であることから，14時から15時にかけてが折返し時間となる。したがって，エには「50％」，オには「折返し」が入る。

　なお，設問文の最後に，「これらのデータを利用して見切りの基準時間を設定する。設定のポイントは，折返し時間以降で，販売ピークの前に設定することである」と書かれてある。したがって，見切り基準時間は17時少し前となる。

特売に関する作業改善 (1)
販促費と特売コストの関係

□ 次のア〜オは，販促費と特売コストの関係に関する記述である。
正しいものには1を，誤っているものには2を記入しなさい。

ア　一般に売上高総利益率が25％の小売業の場合，販促費（販売
促進費）は売上高に対して2％程度，売上高総利益に対して8％
程度といわれる。

イ　販促費は人件費を上回る大きな経費であるため，従来から小
売業は特売の回数を減らしたり，EDLP政策を志向したりして，
販促費を減らす努力を行っている。

ウ　EDLP政策に切り替えると，特売の回数を減らしても売上の
低下が生じないため，結果として販促費は減少傾向にある。

エ　特売を行うと，特売を準備・実施し，後処理するための作業
コストがかかることから，特売の回数が増えると，販促費だけ
でなく，人件費も増加することになる。

オ　競争が激化している今日では，特売の回数を減らしたり，チ
ラシ広告の大きさを変えたりすると，客数がたちまち減少し，
売上低下を招くことになる。

POINT!! 解説

ア：これらの数値は業種，店舗形態，小売業の政策などによってばらつきは
あるものの，目安として覚えておくとよい。なお，販促費（販売促進費）の
売上高総利益（粗利益高）に対する割合を販促費分配率という。

イ：販促費は人件費よりも小さい経費である。しかし，人件費がすこぶる大
きい経費であるためで，販促費自体は小さいものではなく，むしろ経費と
しては大きいといえる。そのため，「従来から小売業は特売の回数を減ら
したり，EDLP政策を志向したりして，販促費を減らす努力を行っている」。
ただ，努力を行うものの，あまり成果が出ていないというのが実態である。

ウとオ：日本の場合，特売の回数を減らしたりなどすると，客数がすぐに減
少し，売上減少が生じることになる。また，EDLP政策に切り替えても，
期待したほどの売上増加が望めないため，特売の回数を思ったほどには減

らせないのが実状である。したがって，販促費はむしろ増加傾向にある。

エ：つまり，特売の回数が増えると，販促費だけでなく，人件費も増加することになる。

　また，ハンドブックは特売に関して，次のようにも述べている。

　「特売をする日としない日では作業量が大きく違うため，従業員のコントロールが難しくなり，ムリ，ムダ，ムラが発生しやすい。また，商品の配送も一時的に増大するため，トラックの増車やバックヤードの中に一時的なストック場所を確保しなければならない。」

第1章

第2章

第3章

第4章

第5章

模擬テスト

正解 ☐ ア 1 ☐ イ 2 ☐ ウ 2 ☐ エ 1 ☐ オ 1

実力養成 問題 特売に関する作業改善（2）
EDLP 政策と特売の違い

□ 次のア〜オは，EDLP の実態，EDLP 政策と特売の違いに関して述べたものである。正しいものには 1 を，誤っているものには 2 を記入しなさい。

ア　EDLP は，販促費の削減だけでなく，作業が平準化される分，作業コストが削減できるため，EDLP 政策は日本においてもうまく機能している。

イ　日本の場合，ハイ＆ロー・プライシングから EDLP 政策に切り替えると特売の回数を著しく減らせるため，販促費もそれに伴い減少することになる。

ウ　日本の顧客は小売業が考えている以上に価格に敏感であり，品質の良いものをより安く買うための努力は惜しまないため，必ずしも EDLP 政策を行う小売店を選択するとは限らない。

エ　日本では，どこも特売を行っていないときには EDLP 政策を実施している小売店で買物をし，他店で特売をやっていればそのときだけ特売店を選んで買物をしている。

オ　EDLP 政策で成功しようとすれば，競争他店の特売価格より低い位置での EDLP 政策でなければならない。

POINT!!　解説

ア：「EDLP は，販促費の削減だけでなく，作業が平準化される分，作業コストが削減できる」の箇所は正しい。しかし，EDLP 政策は，すべての小売業が取り組むにはハードルが高いため，現段階では日本でうまく機能していない。次ページの図「特売政策と EDLP 政策の違い」に示されてあるように，「本当の EDLP」は「特売」よりも安い価格で毎日販売する仕組みであるので，これを実施するのは非常に難しいということである。

図 特売政策と EDLP 政策の違い

（a）従来型特売と EDLP

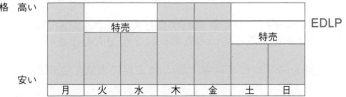

（b）消費者の買物行動

（c）本当の EDLP

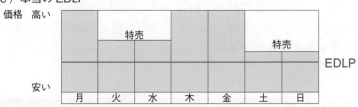

出典：「販売革新」2006.3 月号（商業界）
出所：『販売士ハンドブック（発展編）』

イ：ハイ＆ロー・プライシングから EDLP 政策に切り替えても，日本の場合，特売の回数を減らせない状況にある。上図の（a）を見てわかるように，「本当の EDLP」を実施していない場合，EDLP による価格は他店の特売による価格を上回ることになる。したがって，集客をはかるには，EDLP を実施していても，特売が必要となる。

ウ～オ：日本の小売業の大部分は，上図の（c）に示される「本当の EDLP」を実施していないので特売での販売価格が最も安いものとなるため，消費者は特売を狙って買物をすることになる。

正解　□ ア 2　□ イ 2　□ ウ 1　□ エ 1　□ オ 1

特売に関する作業改善（3）
特売実施のプロセス

□ 次のア～オは，特売実施のプロセスに関する記述である。正しいものには1を，誤っているものには2を記入しなさい。

ア　特売のプロセスは前工程と後工程に大別できるが，前工程は主に本部が主体となって行う業務である。

イ　本部の業務は特売計画の作成から始まる。このうち，特売テーマの設定，特売期間の決定には会議を開く必要があるため，特売テーマの設定と期間の決定は変動作業となる。

ウ　特売の際，チラシ広告や販促ツールの作成などが行われるが，これらは専門のノウハウを持った企業に外注することが多い。

エ　店舗では，特売日前日の夜に売価変更を行う。売価変更が終わると，値札を貼り替え，POP広告を付けていく。

オ　店舗の作業の大部分は，特売商品が増えればそれに合わせて増加する変動作業である。

POINT!! 　解説

ア：特売のプロセスは表のように，前工程と後工程に大別され，2つの工程とも細分化される。作業を効率化するポイントは，店舗作業である後工程がやりやすいよう，本部業務である前工程を進めることである。

イ：表1に示されるように，特売計画の作成は，特売テーマの設定，特売期間の決定などから成る。これらのうち，特売テーマの設定と特売期間の決定は基本的に作業時間が一定であることから，固定作業となる （試験に出た！）。これについては覚えておこう。

　表1に示されているように，特売テーマ，特売期間が決まったら，次に特売商品，特売価格，特売数量を決定する。これらの作業は特売商品の品目の数で作業量が決まるので変動作業となる。

　そして，特売商品の仕入先と仕入原価などが決まると，速やかに各店舗への納品数量の割当案を作成し，売場の担当者に送付する。売場の担当者からの修正案を検討の上，最終的に店別商品カテゴリー別の品目納品数を決め，仕入先へ特売商品扱いで一括発注する （試験に出た！）。

ウ：チラシ広告や販促ツールの作成などは外部の企業にアウトソーシングした方がコストは安いものとなる。なお，この際のコストは販促費で処理される。

エ：店舗での売価変更は特売日当日の朝に行われる。なお，今日ではPOSシステムによりストアコントローラを利用することで，一括して売価変更が行われるので，値札の貼替えは不必要となる。

オ：表2に示されるように，店舗作業のうち固定作業は特売商品の売価変更だけである。

表1　特売実施のプロセス（1）（前工程＝本部業務）

項目	プロセス1	プロセス2	固定作業	変動作業
前工程＝本部業務	特売計画の作成	①特売テーマの設定	○	
		②特売期間の決定	○	
		③特売商品の決定		○
		④特売価格の決定		○
		⑤特売数量の決定		○
	商談の実施	⑥商談，特売原価の決定		○
	特売商品の発注	⑦店舗納品数の割当案作成		○
		⑧店舗発注量の決定		○
		⑨本部から仕入先への発注	○	
	特売商品の納品	⑩仕入先からの納品		○

表2　特売実施のプロセス（2）（後工程＝店舗作業）

項目	プロセス1	プロセス2	固定作業	変動作業
後工程＝店舗作業	特売商品の受入	⑪特売商品の検品		○
		⑫特売商品の一時ストック		○
	特売前作業	⑬値下伝票の作成		○
		⑭特売商品の陳列		○
		⑮特売商品の売価変更	○	
		⑯特売商品のPOP広告取付け		○
		⑰特売商品の価格チェック		○
	特売日	⑱特売実施		○
	特売後作業	⑲特売商品のPOP広告取外し		○
		⑳特売商品の売価変更	○	
		㉑特売商品の価格チェック		○
		㉒値上伝票の作成		○
		㉓特売商品の陳列移動		○

出所：『販売士ハンドブック（発展編）』

正解　□ア 1　□イ 2　□ウ 1　□エ 2　□オ 1

特売に関する作業改善（4）
特売におけるコスト構造

□ 次のア〜オは，特売におけるコスト構造に関する記述である。正しいものには1を，誤っているものには2を記入しなさい。

ア 販促費率（売上高に占める販促費の割合）が2％，人件費率（売上高に占める人件費の割合）が10％であるとき，人件費の3割を特売の作業に使うとすると，特売コストは売上高の4％を占めることになる。

イ 特売作業は前工程としての本部作業と後工程としての店舗作業に分けることができる。本部作業，店舗作業とも，固定作業と変動作業に分かれる。

ウ 本部の特売作業コストを削減する場合，固定作業コストは削減できないので，特定アイテム数を減らすなどして，変動作業コストを削減するしかない。

エ 店舗の特売作業コストを削減する際に重要なことは，効率化をめざすあまり，顧客へのサービス低下が生じないことである。

オ 一定期間を通して販売される特売商品は，基本的には，売上高上位5％程度の商品の中から選ぶのが効果的である。

POINT!! ▶ 解説

ア：特売コストは次のようになる。

特売コスト＝販促費＋特売作業コスト 試験に出た！

売上高が100とすると，販促費率が2％の場合は，

販促費＝100 × 0.02 ＝ 2 となる。

人件費率が10％の場合，人件費＝100 × 0.1 ＝ 10となる。人件費の3割を特売の作業に使うとすると，特売作業コスト＝10 × 0.3 ＝ 3となる。

以上より，特売コスト＝2＋3＝5 この結果，特売コストは売上高の5％（5 ÷ 100 ＝ 0.05）を占めることになる。

イ：固定作業とは，特売のつど，常に一定の率で発生する作業のこと。変動作業とは，特売にかかる商品の数で変化する作業のこと 試験に出た！ 。

ウ：本部の特売作業のうち，固定作業にあたるのは特売テーマを設定するため
　　などの販促会議である。この会議にかかる人時数を少なくすることで，固定
　　作業コストを削減できる。

　　　また，変動作業コストについても，特定アイテム数を減らすことや，仕入
　　先企業との交渉時間を減らすことなどでも実現できる。また，特売回数を減
　　らすことで，固定作業コスト，変動作業コストとも，大幅に削減できる。

　　　本部の特売作業コスト

　　　　＝｛本部の特売固定作業コスト＋（特売アイテム数×1アイテム当たり変
　　　　　動作業コスト）｝×特売回数

エ：店舗の特売作業コストの計算式は次の通りで，本部の特売作業コストの計
　　算式と基本的に同じである。しかし，作業内容が異なるため，コストの削減
　　方法は異なるものとなる。また，店舗の特売作業コストを削減する際，"顧
　　客へのサービスレベルを維持する"ことが重要となる。ただし，コスト削減
　　を行いながら，サービスレベルを維持しようとすると，従業員に過剰な労働
　　を押しつけることになりかねないが，そうしたことがあってはならない。従
　　業員に過剰な労働を押しつけると，顧客満足度が低下するとともに，従業員
　　のやる気を低下させることになる。

　　　店舗の特売作業コスト

　　　　＝｛店舗の特売固定作業コスト＋（特売アイテム数×1アイテム当たり変
　　　　　動作業コスト）｝×特売回数

オ：顧客は，日頃よく購入する商品がいつも安ければ満足度は高まる。売上高
　　上位5％程度の商品ということは，その店の売上高の30％程度を占める商
　　品ということになる。したがって，こうした商品の中から，一定期間を通し
　　て販売される特売商品を選ぶということは特売が効果的なものとなる。

　　　なお，90日間や120日間などの"一定期間通しの特売商品"は平常行っ
　　ている EDLP 商品を掲載すると，その一定期間通しの商品の作業は「広告の
　　品」の POP 広告の取付けだけですむことになる。この結果，本部も店舗も
　　作業コストを大幅に削減できる。

正解　□ア2　□イ1　□ウ2　□エ1　□オ1

図　作業コストを抑えたチラシ広告の特売例

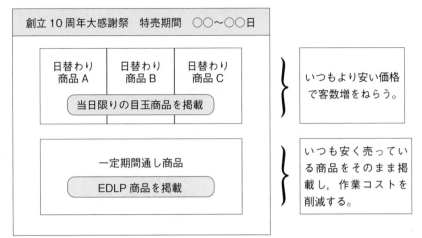

出所：『販売士ハンドブック（発展編）』

実力養成 問題 | 特売に関する作業改善 (5)
特売効果の測定法

□ 次のア〜オは，特売効果の測定法に関する記述である。正しいものには1を，誤っているものには2を記入しなさい。

> ア 特売がどのくらいの効果があったかを高い精度で測定しようとすると，それだけでもコストアップの要因となる。
>
> イ 特売が効果があったかどうかの判断のポイントは，特売コストを吸収できるほどの売上高があったかどうかにある。
>
> ウ 販促費が200万円で，特売作業コストが80万円の場合，特売コストは360万円となる。
>
> エ 特売コストを吸収できる売上高の増加分は，特売コストを計画された粗利益率で割って求める。
>
> オ 特売期間中に必要な売上高は，通常売上高に特売コストを吸収できる売上高の増加分を加えたものである。

POINT!! 解説

アとイ：特売効果の測定法は小売業の課題であるが，精度の高い測定をしようとすると，それだけでコストアップの要因となるので，その点を考慮することがポイントである。そこで，一般的には特売コストを吸収できるほどの売上高があったかどうかが，特売の効果の判断基準とされている。

ウ：特売コスト＝販促費＋特売作業コスト

　　＝200＋80＝280（万円）

エ：特売コストを吸収できる売上の増加分（増加売上高）＝特売コスト÷計画された粗利益率。"計画された粗利益率"とは，（特売商品の売上高構成比×粗利益率）の相乗積＋（定番商品の売上高構成比×粗利益率）の相乗積。

オ：必要売上高＝通常売上高＋増加売上高（特売コストを吸収できる売上の増加分）

正 解 □ ア 1 　□ イ 1 　□ ウ 2 　□ エ 1 　□ オ 1

生鮮食料品の後方作業システム（1）
生鮮食料品の加工現場の実態

□ 次の文中の〔　〕の部分に，下記の語群のうち最も適当なものを選びなさい。

　生鮮食料品は，〔ア〕を追求すればするほど，常に〔イ〕を配置し，〔ウ〕の回数を増やす必要が生じる。これは生鮮食料品におけるオペレーションの基本である。とはいえ，〔ウ〕の回数を増やせばその分の〔エ〕が増加し，〔オ〕は悪化する。すなわち，〔ア〕と〔オ〕は諸刃の剣の関係である。したがって，生鮮食料品の後方作業を実施するにあたっては，〔ア〕を保ちながら〔オ〕を維持するオペレーションシステムの構築が極めて重要とされる。

〈語　群〉

①加工　　　②粗利益　　　③コスト
④人時　　　⑤ストック　　⑥原料
⑦鮮度　　　⑧従業員　　　⑨作業効率
⑩バックヤード

POINT!! ▶ 解説 ≫≫≫

　生鮮食料品の場合，原料を仕入れ，それらを加工し，鮮度が劣化しないうちに販売しなければならない。鮮度の劣化を防ぐためには，原料を一度にすべて加工するわけにはいかず，販売状況にあわせて加工しなければならない。そのため，生鮮食料品は売れれば粗利益は高いものの，売るための手間が他の部門よりかかる。したがって，生鮮食料品部門の人時生産性は最も低いものとなる。

　また，生鮮食料品は顧客に最も近い店舗で加工することが理想であるため，加工の多くは店内の狭いバックヤードで行われている。このため，完全な機械化は困難となり，人時生産性は低くなる。

　なお，生鮮食料品の場合，作業工程別のコスト計算も不明確となってしまうため，加工に必要な従業員や設備など，そこで発生するコストはすべて販売費として一括りで処理されている。

正解	ア ⑦	イ ⑧	ウ ①	エ ③	オ ⑨

第1章

第2章

第3章

第4章

第5章

模擬テスト

実力養成問題 生鮮食料品の後方作業システム（2）
生鮮食料品の作業工程

□ 次のア～オは，生鮮食料品の作業工程に関する記述である。正しい
ものには1を，誤っているものには2を記入しなさい。

ア　生鮮4品といわれる「鮮魚，青果，精肉，惣菜」は，その加工の
仕方がそれぞれ異なる。

イ　鮮魚の作業工程は7つのタイプに大別されるが，これらのうち
作業工程が最も短いのが加工品で，入荷すると，そのまま陳列・
販売される。

ウ　鮮魚の加工作業には1次工程から3次工程まであり，1次工程
は水洗いから盛りつけまでをいう。

エ　フィーレとは，2枚または3枚におろされた商品をさらに短冊
状に小分けしたものをいう。

オ　翌日の販売のため，加工の一部までを済ませた商品のことを「仕
置品」という。

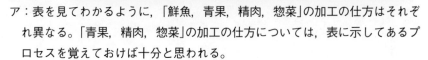

POINT!! ▷ 解説

ア：表を見てわかるように，「鮮魚，青果，精肉，惣菜」の加工の仕方はそれぞ
れ異なる。「青果，精肉，惣菜」の加工の仕方については，表に示してあるプ
ロセスを覚えておけば十分と思われる。

　　また，ここでは"生鮮食料品の作業は加工を行う必要があるため，日用雑
貨品などと比較して作業が複雑になる"ということがチェックポイントの1
つとなっている。

イとエ：図を見るとわかるように，鮮魚の作業工程はタイプA～タイプGの7
つのタイプに大別される。

　　　タイプA……作業工程が最も短いのが加工品である。加工品は加工食品に
　　　　　　　　　近く，産地で加工済みの商品であるので，入荷された商品は
　　　　　　　　　そのまま陳列される。生ガキのパックやモズクのパックなど
　　　　　　　　　がこれに該当する。

　　　タイプB……一般に丸物といわれる商品である。水洗いされ，冷塩水処理
　　　　　　　　　されると，そのままパック化し，値付される。

表　スーパーマーケット Y 社による生鮮食料品の作業種類

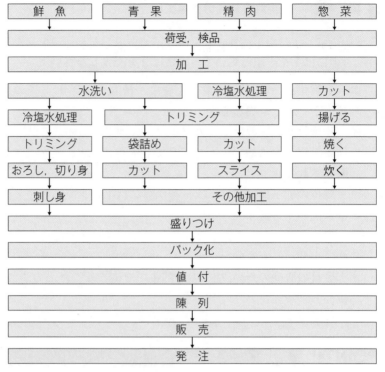

出所：『販売士ハンドブック（発展編）』

図 スーパーマーケット Y 社による鮮魚の作業プロセスと種類

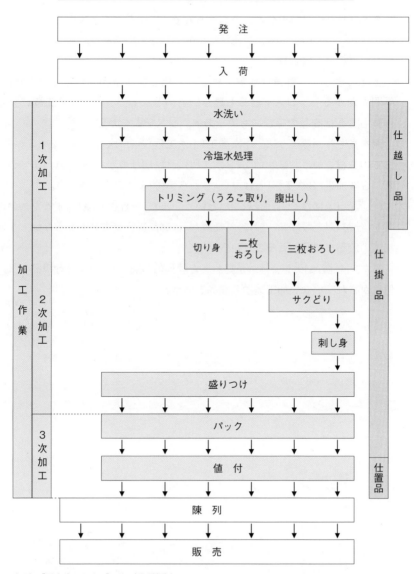

出所：『販売士ハンドブック（発展編）』

第1章

第2章

第3章

第4章

第5章

模擬テスト

タイプC……タイプBよりも，さらにうろこ取りや腹出しなどのトリミング処理をした商品である。

タイプD……タイプCをさらに細かく切り身にした商品である。

タイプE……フィーレといわれるもので，2枚または3枚におろされてパックされた商品である。

タイプF……ブロックといわれるもので，2枚または3枚におろされたものをさらに短冊状に小分けしたものである。

タイプG……刺し身。

　上記のように，鮮魚は作業工程を細分化しながら商品化していくため，手間もかかるし，コスト計算も難しいものとなる。また，作業工程により作業も違えば商品の呼び名も違うので，システム化が難しい。

ウ：図を見てわかるように，1次加工(1次工程)とは「水洗いからトリミング」までの工程をいう。2次加工(2次工程)とは「切り身から盛りつけ」までの工程，3次加工(3次工程)とは「パックから値付」までの工程をいう。

オ：「仕置品」ではなく，「仕越し品」という。また，「仕越し品」にするための作業を「仕越し」と呼ぶ。一般に，「仕越し」は鮮度劣化が激しくならない，1次加工の段階まで行われることが多い。

　また，「仕置品」とは，値付が終わった陳列前の商品をいう。「仕掛品」とは，値付がされていない加工途中の商品をいう。

正解　□ア1　□イ1　□ウ2　□エ2　□オ2

実力養成問題 生鮮食料品の後方作業システム（3）
売上高予算をもとにした必要人時（1）

□ 次の文中の〔　〕の部分に，下記の語群のうち最も適当なものを選びなさい。なお，小数第1位以下は切り捨てとする。

　売上高予算をもとに必要な人時を求める方法は次の通りである。

　たとえば，月曜日の売上高予算が 250,000 円，1 個当たりの単価が 480 円としたとき，販売数は約〔ア〕個となる。

　このとき，1 個当たりの加工時間が 100 秒であるとすると，変動作業人時は次の計算式で求めることができる。

　〔ア〕× 100 ÷〔イ〕≒〔ウ〕（人時）

　ここで，固定作業の合計が 8（人時）であるとすると，月曜日の必要人時は，〔ウ〕+ 8 =〔エ〕（人時）となる。

　また，火曜日の売上高予算が 200,000 円としたとき，火曜日の必要人時は〔オ〕人時となる。ただし，火曜日においても，1 個当たりの単価は 480 円，1 個当たりの加工時間は 100 秒，固定作業人時は 8 人時であるとする。

〈語　群〉
① 14　　② 16　　③ 19　　④ 21
⑤ 22　　⑥ 24　　⑦ 520　　⑧ 600
⑨ 620　　⑩ 3,600

POINT!! 解説

　チェーンストアの本部では，各店舗の売上目標を緻密に設定している。とはいえ，店舗の生鮮食料品部門が加工に必要な人時を準備していないと，人時不足から加工ができず，売上目標を達成できなくなる。したがって，売上高予算をもとに必要な人時数を求めることが大切となる。

　　必要人時＝変動作業人時＋固定作業人時

　変動作業とは，販売数（加工数）に応じて変化する作業のことである。固定作業とは，基本的に販売数の増減に応じて変化しない作業のことで，発注，荷受，検品，清掃などが該当する。

表　売上高予算にもとづく要員計画（鮮魚部門）

	売上高予算（円）	1個当たり単価（円）	販売数量（個）	1個当たり加工時間（秒）	変動作業（人時）	固定作業（人時）	必要人時（人時）
月	250,000	480	520	100	14	8	22
火	200,000	480	416	100	11	8	19
水	250,000	480	520	100	14	8	22
木	200,000	480	416	100	11	8	19
金	300,000	480	625	100	17	9	26
土	350,000	480	729	100	20	8	28
日	450,000	480	937	100	26	9	35
計	2,000,000	480	4,163	100	113	58	171

出所：『販売士ハンドブック（発展編）』

ア：売上高予算が 250,000 円，1 個当たりの単価が 480 円であるので，

販売数＝ 250,000 ÷ 480 ≒ 520（個）

イとウ：1 個当たりの加工時間が 100 秒，一方，求めるものは変動作業人時であるので，「秒」を「時」に直す必要がある。したがって，計算式は次のようになる。

520 × 100 ÷ 3,600 ≒ 14（人時）

エ：必要人時＝変動作業人時＋固定作業人時

固定作業人時は 8（人時）であるので，

必要人時＝ 14 ＋ 8 ＝ 22（人時）

オ：火曜日の売上高予算は 200,000（円），1 個当たりの単価は 480 円なので，

販売数＝ 200,000 ÷ 480 ≒ 416（個）

416 × 100 ÷ 3,600 ≒ 11（人時）

固定作業人時は月曜日と同様，8（人時）であるので，

火曜日の必要人時＝ 11 ＋ 8 ＝ 19（人時）

正　解　□ ア ⑦　□ イ ⑩　□ ウ ①　□ エ ⑤　□ オ ③

実力養成問題　生鮮食料品の後方作業システム（4）
売上高予算をもとにした必要人時（2）

□ 次の文中の〔　〕の部分に，下記の語群のうち最も適当なものを選びなさい。

売上高予算をもとに必要な人時数を求める方法では，売上高予算から〔ア〕を割り出し，それに合わせて必要人時を求めた。しかし，これで〔イ〕の基準を達成できるかどうかは別問題である。〔ア〕から導き出された必要人時は，1個当たりの加工に必要な〔ウ〕から〔エ〕数字である。通常，人時売上高や〔イ〕の基準は，これとは逆に〔オ〕の構造から落とし込まれている。したがって，〝〔エ〕数字〟と〝落とし込まれた数字〟の突き合わせが必要となる。

〈語　群〉
①経費　　　②作業時間　　　③人件費率
④収支　　　⑤積み上げられた　⑥原価
⑦販売数　　⑧予測された　　　⑨人時生産性
⑩粗利益率

POINT!! ▶ 解説

ア・ウ・エ：すでに説明したように，「売上高予算をもとに必要な人時数を求める方法」は次の通りである。

売上高予算÷1個当たり単価＝販売数

（例）　250,000 ÷ 480 ≒ 520（個）

ここで，1個当たりの加工時間を100秒とすると，変動作業人時は，

変動作業人時＝ 520 × 100 ÷ 3,600 ≒ 14（人時）

必要人時＝変動作業人時＋固定作業人時

固定作業人時を8（人時）とすると，

必要人時＝ 14 ＋ 8 ＝ 22（人時）

以上からわかるように，この方法では，売上高予算からまず販売数を割り出し，それに1個当たりの加工に必要な作業時間を掛けることで，必要人時を求めている。つまり，この必要人時は，加工に必要な作業時間を積み上げたものである。

したがって，売上高予算をもとにして導き出された必要人時が人時生産性の基準を達成しているかどうかについては判断がつかない。

イとオ：下表の「人時売上高」と「人時生産性」は収支の構造から落とし込まれたものである。つまり，目標利益額を達成するために必要な売上高や売上高総利益などから逆算していくと，人時売上高と人時生産性は下表の数値でなくてはならないというものである。

下表をみると，鮮魚部門の人時売上高は 13,000 円，人時生産性は 3,800 円となっている。

一方，表「売上高予算にもとづく要員計画」(154 ページ)は，1 週間分の売上高予算をもとに，必要人時を計算したものである。週合計の売上高予算は 200 万円，必要人時は 171 人時であるので，人時売上高は，

2,000,000 ÷ 171 ≒ 11,696 円(小数第 1 位四捨五入)

下表の鮮魚部門の人時売上高は 13,000 円であるので，"積み上げられた人時売上高"は"落とし込まれた人時売上高"よりも下回っていることになる。

したがって，"収支の構造から落とし込まれた"ところの表「人時生産性の部門別基準例」に示された数字を達成するためには，"1 個当たりの加工時間"を短縮しなければならない。

表　人時生産性の部門別基準例

部　　門	人時売上高（円）	人時生産性（円）	売上高総利益率（%）
鮮　魚	13,000	3,800	29.2
青　果	15,000	3,500	23.3
精　肉	17,000	4,100	24.1
惣　菜	11,000	3,700	33.6

出所：『販売士ハンドブック（発展編）』

第1章

第2章

第3章

第4章

第5章

模擬テスト

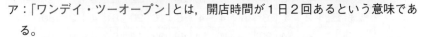

実力養成問題 生鮮食料品の後方作業システム（5）
作業計画の見直し（1）

□ 次のア〜オは，サイクル加工別商品動向に関する記述である。正しいものには1を，誤っているものには2を記入しなさい。

ア　スーパーマーケット業界などでは，1日に2回，新たな商品をディスプレイして販売することを「ワンデイ・ツーオープン」と呼んでいる。

イ　商品を新たに加工しようとすると，前処理と後処理が発生する。1日2回の加工の場合，その前処理と後処理の人時は1日1回の加工に比べて，2倍になる。

ウ　1サイクルの加工の場合，生鮮食品の鮮度は夕方になると落ちてしまう。

エ　2サイクルの加工の場合，朝に作業が集中するのを分散できるが，1サイクル加工に比べ，売上高が減少する。

オ　2サイクルの加工の場合，最大在庫の数量は1サイクル加工に比べ多くなる。

POINT!! 解説 ≫≫

ア：「ワンデイ・ツーオープン」とは，開店時間が1日2回あるという意味である。

イ：ハンドブックでは，これに関して次のように記述している。

「前処理とは，原材料を作業場所まで持ち出したり，調理器具を準備したりするなどの作業である。また，後処理とは，原材料を元の位置に保管し，調理器具の後片付けや作業場の清掃などの作業である。」

ウ：1サイクル加工の場合，このほかに，朝に作業が集中し，商品補充（品出し）が遅れる，などの問題が発生する。

エ：2サイクル加工の場合，夕方になっても生鮮食品の鮮度は落ちないので，売上高が減少することはない。しかし，作業コストは2サイクル加工の方が多くなる。

オ：図1と図2を比較すると，図1の最大在庫は80であるのに対し，図2の最大在庫は54である。

図1　1サイクル加工の場合の商品の動き

サイクル	1サイクル												
時間帯	10	11	12	13	14	15	16	17	18	19	20	21	計
陳列数量	80												80
在庫1	80	78	74	68	62	58	54	48	32	12	6	2	
販売数量	2	4	6	6	4	4	6	16	20	6	4	2	80
在庫2	78	74	68	62	58	54	48	32	12	6	2	0	

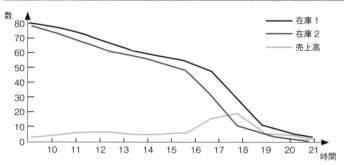

図2　2サイクル加工の場合の商品の動き

サイクル	1サイクル						2サイクル						
時間帯	10	11	12	13	14	15	16	17	18	19	20	21	計
陳列数量	40						40						80
在庫1	40	38	34	28	22	18	54	48	32	12	6	2	
販売数量	2	4	6	6	4	4	6	16	20	6	4	2	80
在庫2	38	34	28	22	18	14	48	32	12	6	2	0	

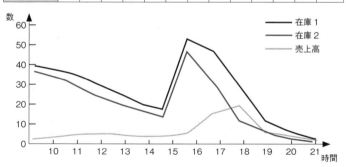

出所:『販売士ハンドブック（発展編）』

正解　□ ア 1　□ イ 1　□ ウ 1　□ エ 2　□ オ 2

実力養成 問題 生鮮食料品の後方作業システム（6）
作業計画の見直し（2）

□ 次のア～オは，生鮮食品における仕越し作業に関して述べたものである。正しいものには1を，誤っているものには2を記入しなさい。

ア　ファストフードなどでは顧客を待たせないため，ストック・トゥ・オーダーシステムが開発された。

イ　生鮮食料品の作業には，ファストフード・システムに似た仕組みとして，仕越しがある。

ウ　仕越しとは，商品化の一部を前日に済ませておくことで，鮮魚の場合，鮮度の問題から2次加工までの作業となる。

エ　売上高予算から求めた月曜日の必要人時が23人時のとき，前日（日曜日）の仕越し作業が7人時であるとすると，当日分（月曜日）の作業は16人時となる。

オ　売上高予算から求めた火曜日の必要人時が18人時で，かつ，仕越し作業比率が30％のとき，前日（月曜日）の仕越し作業は7人時となる。

POINT!! 解説

ア：ストック・トゥ・オーダーシステムとは，過去の販売データから時間帯別の売れ数を予測し，その数を前もって商品化しておくシステムのことをいう。したがって，よく売れる商品は前もって作っておく数が多くなる。

　　なお，飲食業の場合，味もさることながら，顧客を待たせないことも重要なポイントである。そのため，ファストフードで1分，コーヒーショップで7分，ファミリーレストランで15分が基本原則となっている。

イ：開店時には各種の作業が集中するため，開店時に100％の品ぞろえを行うには，前日に商品化の一部をすませておく必要がある。つまり，"仕越し"は不可欠となる。したがって，ファストフードなどのストック・トゥ・オーダーシステムに相当するのが，生鮮食料品部門においては"仕越し"となる。

ウ：仕越しは，原則，1次加工までとなっている。なぜなら，2次加工の段階まで行うと，鮮度の劣化が激しくなる。

第1章

第2章

第3章

第4章

第5章

模擬テスト

エ：下図の「月曜日」に着目すると，月曜日の必要人時は，売上高予算から23人時となっている。

月曜日の欄に，仕越し作業：7人時となっているが，この仕越し作業は前日の日曜日に行われたものである。しかし，この7人時の作業は日曜日の作業には含まれず，月曜日に行われた作業としてみなされる。したがって，月曜日の必要人時は売上高予算から23人時であり，仕越し作業が7人時であるので，当日分（月曜日）の作業は16人時（23 − 7 ＝ 16）となる。ただし，月曜日に実際には仕越し作業を5人時行っているが（下図），これは，火曜日の作業に含まれる。

オ：仕越し作業比率とは，翌日の何％の作業を仕越しするかを表したものである。仕越し作業比率が30％で，火曜日の必要人時が18人時のとき，仕越し作業を求める計算式は次のようになる。

仕越し作業を x（人時）とすると，$0.3 = \dfrac{x}{18}$

$x = 0.3 \times 18 ≒ 5$（人時）〔小数第1位以下切り捨て〕

つまり，下図に示されるように，月曜日に仕越し作業は5（人時）行う。

図　仕越しを考慮した人時計算

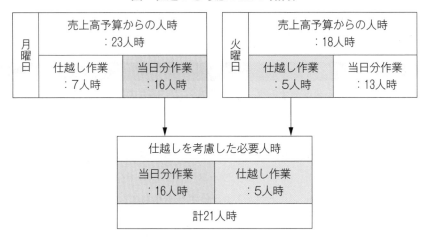

出所：『販売士ハンドブック（発展編）』

正解 □ ア 1 □ イ 1 □ ウ 2 □ エ 1 □ オ 2

記述式穴埋問題　　キーワードは**これだ！**

> 次の各問の〔　　〕の部分にあてはまる最も適当な語句・短文を記入しなさい。

① 営業利益率（売上高営業利益率）を向上させるには，売上高総利益率（粗利益率）を高めるか，売上高販管費率を下げるかの選択になる。前者を実現するためには〔　ア　〕への取組みが必要であり，後者を実現するためには〔　イ　〕による店舗運営の仕組みの構築が求められる。

ア	イ

② 下記は必要人時の計算手順を示したものである。
　手順1　売場面積1坪当たりを維持するのに必要な基準人時を設定する。
　手順2　坪当たり基準人時に〔　ア　〕を掛け，売場維持に必要な最低必要人時を計算する。この最低必要人時を〔　イ　〕という。
　手順3　1人時当たり〔　ウ　〕基準を設定する。
　手順4　年間売上高を1人時当たり〔　ウ　〕基準で割って，〔　エ　〕を計算する。
　手順5　〔　イ　〕と〔　エ　〕を比較して，大きいほうを必要人時とする。

ア	イ

ウ	エ

③ 売場面積1坪当たりを維持するのに必要な基準人時が300人時で，売場面積が150坪であるとする。また，1人時当たりの売上高基準が15,000円で，年間売上高が7.5億円であるとする。

　このとき，固定人時は〔　ア　〕人時，変動人時は〔　イ　〕人時，必要人時は〔　ウ　〕人時である。なお，小数点以下はすべて切り捨てることとする。

ア	イ

	ウ

④ 〔 ア 〕とは，1人が休日で欠けても，他の人が対応できるよう配置すること。

〔 イ 〕とは，企業が自社の間接部門など一部の業務を外部の専門会社に委託すること。

ア	イ

⑤ 下記は，人時計画作成の一般的なステップである。

Step 1 店舗合計の人時計画を作成する。

Step 2 店舗合計の人時計画を年間で〔 ア 〕週に分ける。

Step 3 〔 イ 〕別の人時計画を作成する。

Step 4 〔 イ 〕別の人時計画を年間で〔 ア 〕週に分ける。

Step 5 週の平均を基本とした〔 ウ 〕別の人時計画を作成する。

Step 6 〔 エ 〕別の要員配置計画を作成する。

ア	イ

ウ	エ

⑥ Y店は，今年の年間売上目標を50億円，粗利益率を20％，労働分配率を40％と計画している。このとき，次の3つの問いに答えなさい。

・この収支計画にもとづく人件費の総枠は〔 ア 〕億円である。

・Y店のパートタイマー比率が60％，パートタイマーの1人時単価が1,000円，社員の1人時単価が2,600円のとき，店舗全体の1人時単価は〔 イ 〕円である。

・Y店の人時生産性は〔 ウ 〕円である。ただし，端数が生じた場合，小数点以下はすべて繰り上げて計算すること。

ア	イ	ウ

⑦　パートタイマー比率の求め方は主に「8時間換算によるパートタイマー比率」と「年間労働時間換算によるパートタイマー比率」の2つがある。

　下表をもとに、「8時間換算によるパートタイマー比率」を求めると〔　ア　〕％，「年間労働時間換算によるパートタイマー比率」を求めると〔　イ　〕％となる。なお，答に端数が生じたとき，パーセントは1％未満を四捨五入しなさい。

	1日当たり勤務時間	8時間換算による要員数	年間勤務日数	年間残業時間
社員1	8 時間	1.00 人	240 日	100 時間
社員2	8 時間	1.00 人	240 日	180 時間
社員3	8 時間	1.00 人	240 日	120 時間
パート1	4 時間	0.50 人	160 日	40 時間
パート2	5 時間	0.63 人	230 日	66 時間
パート3	6 時間	0.75 人	200 日	24 時間
パート4	6 時間	0.75 人	180 日	80 時間
パート5	8 時間	1.00 人	240 日	100 時間

ア	イ

⑧　作業効率化の原則には4つある。これらのうち，〔　ア　〕とは，たとえば，各店舗で行う惣菜などの加工・プリパッケージなどの作業をプロセスセンターに集中させ，一括処理して各店舗へ配送することをいう。また，〔　イ　〕とは，売場で行う必要のない作業は店外(本店やセンターなど)で機械化し，オートメーションによる効率的な大量生産・大量加工を実現することをいう。

ア	イ

⑨ 年間売上高は40億円で，1週目の売上高は7,200万円である。また，総人時は3,000,000人時である。このとき，次の3つの問いに答えなさい。

・1週目の人時は〔 ア 〕人時となる。
・1週目におけるパートタイマー比率が80％のとき，パートタイマーだけの人時は〔 イ 〕人時となる。
・1週目の週別指数は〔 ウ 〕％となる。ただし，端数が生じた場合，週の人時の平均値は小数点以下は繰り上げ，週別指数は小数第3位を四捨五入する。

ア	イ	ウ

⑩ 小売業は1990年代以降，営業利益を維持するため，〔 ア 〕の構成比率を高くすることで対応してきたが，それもすでに限界に達していることから，今後は店舗の現場における商品管理と〔 イ 〕作業の構造改革が急務となっている。

ア	イ

⑪ 作業の〔 ア 〕とは，売場の1坪当たり総作業人時を減らすことである。作業の〔 ア 〕を推進するためには，商品についての必要作業を計画化し，必要作業量と〔 イ 〕を計算し，人員を割り当てる，という作業マネジメントを実施する必要がある。

ア	イ

⑫ 生鮮食料品の場合，ロスを削減するため，一般に次の3つのステップ(段階)で作業を改善する。
　○第1段階　〔 ア 〕段階でロスを抑えること。
　　作業のポイント
　　・〔 イ 〕を向上させること。
　○第2段階　〔 ウ 〕段階でロスを抑えること。
　　作業ポイント
　　・販売に応じた〔 エ 〕を行うこと。
　○第3段階　〔 オ 〕段階でロスを抑えること。
　　作業ポイント
　　・〔 カ 〕時間を設定すること。

ア	イ	ウ
エ	オ	カ

⑬ 見切り基準時間の設定方法は次の手順に従って行う。

(1) 開店から閉店までの時間帯別の売上高の〔 ア 〕を調べ，その売上高合計を〔 イ 〕として，時間帯別の売上高構成比を計算する。

(2) 時間帯別の売上高構成比をグラフにする。このとき，夕方の〔 ウ 〕をチェックしておく。

(3) 時間帯別の売上高構成比を累計し，それが〔 エ 〕を超える時間帯をチェックする。この時間帯を〔 オ 〕という。

(4)〔 オ 〕以降で，かつ〔 ウ 〕の少し前の時間を〔 カ 〕とする。

ア	イ	ウ
エ	オ	カ

⑭ 〔　〕とは，取引関係において，購買力を背景に優越的な地位にあることをいう。店舗数の増加，各店舗の売上増などにより経営規模が拡大すると，それを背景にさらに低価格での購入が可能となる。

⑮ EDLPとは，一年中，徹底した低価格であらゆる商品を提供するオペレーションシステムを前提とした〔 ア 〕販売の仕組みのこと。〔 イ 〕のような一定期間における，限られた商品の低価格販売ではなく，毎日が低価格で，かつ対象品目が〔 ウ 〕である点に特徴がある。したがって，EDLPを実現するためには，〔 エ 〕の低減，在庫の圧縮など〔 オ 〕の貫徹が不可欠となる。

ア	イ	ウ
	エ	オ

⑯ 〔 ア 〕とは，多くの小売店で実施されている販売価格を上下させる価格政策のこと。〔 イ 〕から，特売などにより安い価格を付けたり，また，特売を中止することで〔 イ 〕に戻したりする。特売の告知は〔 ウ 〕で行われ，店頭には対象品目が〔 エ 〕されることになる。

ア	イ
ウ	エ

⑰ 特売コストは，販促費と特売作業コストから成る。特売期間中の販促費が100万円，特売作業コストが50万円であるとき，次の問いに答えなさい。
・特売商品の売上高構成比が20%，特売商品の売上高総利益率が10%，定番商品の売上高構成比が80%，定番商品の売上高総利益率が20%のとき，計画された売上高総利益率は〔 ア 〕%となる。
・特売コストを吸収するためには，売上高は〔 イ 〕万円増加する必要がある。なお，万円未満については，千円の位を四捨五入する。
・特売期間中における通常の売上高が3,250円のとき，特売期間中に必要な売上高は〔 ウ 〕万円である。

ア	イ	ウ

⑱ 生鮮食料品の加工作業は1次加工，2次加工，3次加工がある。1次加工とは〔 ア 〕から〔 イ 〕までの工程，2次加工とは〔 ウ 〕から〔 エ 〕までの工程，3次加工とは〔 オ 〕から〔 カ 〕までの工程をいう。

ア	イ	ウ
エ	オ	カ

⑲ 〔 ア 〕は値付されていない加工途中にある商品のこと，〔 イ 〕は値付が終わった陳列前の商品のこと，〔 ウ 〕は翌日の販売のため，加工の一部を済ませた商品のこと，である。

ア	イ	ウ

⑳　M店の鮮魚部門において, 週の売上高予算は500万円, 1個当たり平均単価は400円, 1個当たりの加工時間は80秒である。このとき, 次の問いに答えなさい。
- ・1週間の変動作業人時は〔　ア　〕人時である。端数が生じたときは, 小数点以下はすべて繰り上げて計算すること。
- ・1週間の固定作業人時が80人時であるとき, この週の必要人時は〔　イ　〕人時となる。
- ・1週間の人時売上高は〔　ウ　〕円である。端数が生じたときは, 小数点第1位を四捨五入すること。

ア	イ	ウ

㉑　〔　ア　〕はスーパーマーケット業界などで実施されており, 1日に2回, 開店時間があること。〔　イ　〕を1日に2回行うことから, 新鮮な商品が1日に2回, 陳列台に並ぶことになる。

ア	イ

㉒　1サイクル加工の欠点は, 夕方になると〔　ア　〕が落ちる, 朝に作業が集中するため〔　イ　〕が遅れる, 〔　ウ　〕が増加し, 時間の経過に伴い品ぞろえが少なくなる, などがある。

ア	イ	ウ

㉓　〔　　〕とは, 過去のデータから時間帯別の売れ数を予測し, それにもとづき前もって製造しておくことで, 顧客の注文に即座に対応するシステムのことである。

㉔　月曜日の仕越し作業が8人時, 火曜日当日の作業が14人時, 火曜日の仕越し作業が6人時であるとき, 火曜日の作業は〔　　〕人時となる。

㉕ 翌日の木曜日の仕越し作業比率を 40％とし，木曜日当日の作業が 12 人時
であるとき，木曜日の作業は〔　　〕人時である。

㉖ Q店の年間人時計画に関する与件は下の通りである。この計画が達成された場
合，粗利益高は〔　ア　〕円，総人件費は〔　イ　〕円，店1人時単価は〔　ウ　〕円，
総人時は〔　エ　〕人時，人時生産性は〔　オ　〕円 / 人時である。なお，小数点以
下は四捨五入する。

・売上高　　　　　　　　　　：　180,000,000 円
・労働分配率　　　　　　　　：　25％
・粗利益率　　　　　　　　　：　40％
・正規社員の1人時単価　　　：　3,200 円
・正規社員比率　　　　　　　：　30％
・パートタイマーの1人時単価：　1,400 円
・パートタイマー比率　　　　：　70％

ア	イ	ウ

エ	オ

第1章

第2章

第3章

第4章

第5章

模擬テスト

[正解＆解説]

①アーリスクマーチャンダイジング　イーローコストオペレーション

[解説] P112 で説明したように，

・営業利益率（売上高営業利益率）＝売上高総利益率（粗利益率）
　　　　　　　　　　　　　　　　　　－売上高販管率

②アー売場面積　　イー固定人時

　ウー売上高　　　エー変動人時

[解説] ポイントの第1は，最低必要人時＝坪当たり必要人時（人時/坪）
　　　　　　　　　　　　　　　×売場面積（坪）＝固定人時

　　ポイントの第2は，年間売上高÷1人時売上高基準（円/人時）
　　　　　　　　　　　　　　　＝変動人時

　つまり，固定人時と変動人時をそれぞれ計算し，大きいほうを必
要人時とする。

③アー 45,000　　イー 50,000　　ウー 50,000

[解説] 計算式は次の通りである。

　・固定人時＝1坪当たり必要人時×売場面積

　　　　　　＝ 300（人時）× 150（坪）

　　　　　　＝ 45,000（人時）

　・変動人時＝年間売上高÷1人時当たりの売上高基準

　　　　　　＝ 750,000,000（円）÷ 15,000（円）

　　　　　　＝ 50,000（人時）

　・必要人時は，固定人時と変動人時を比較し，大きい方を必要人時
　　とする。よって，45,000 ＜ 50,000 より

　　　　　必要人時＝ 50,000（人時）

④アークロス配置　　イーアウトソーシング

[解説] 人時を削減するには，業務プロセスの改善が必須条件となるが，
　　ハンドブックでは，具体的な対応策として次の4つを挙げている。

　（1）1人の守備範囲を狭くしない

　（2）クロス配置ができるようにする

　（3）作業の種類と時間を少なくする

　（4）アウトソーシングをする

ハンドブックでは，アウトソーシング(Outsourcing)について，「企業が自社の間接部門など一部の業務を外部の専門会社に委託すること。従来はコンピュータシステムの構築や運営に関してのアウトソーシングが主流であったが，最近では経営資源を自社の中心業務に集中するため，間接部門の業務を中心に広い範囲に及んでいる」と述べている。

⑤ア－52　　イ－部門　　ウ－曜日　　エ－日

解説 ポイントの第1は，店舗合計の人時計画から部門別の人時計画に落とし込むこと。ポイントの第2は，人時計画を52週に分けること。なお，人事計画の場合，商品カテゴリー別に細分化するのは困難であるため，人事計画は部門別が原則となる。

⑥ア－4　　イ－1,640　　ウ－4,100

解説 計算式は次の通りである。

ア：$粗利益率 = \dfrac{粗利益高}{売上高}$　　$\therefore 0.2 = \dfrac{粗利益高}{50（億円）}$

　　　したがって，粗利益高 = 50 × 0.2 = 10（億円）

　　$労働分配率 = \dfrac{人件費}{粗利益高}$　　$\therefore 0.4 = \dfrac{人件費}{10（億円）}$

　　　したがって，人件費 = 10 × 0.4 = 4（億円）

　　　　　　　　　　　　　　$\therefore$（ア）には（4）が入る。

イ：パートタイマー比率が60％，パートタイマーの1人時単価が1,000円より，パートタイマーの相乗積 = 1,000 × 0.6 = 600（円）

　　　一方，社員の比率が40％，社員の1人時単価が2,600円より，

　　　　社員の相乗積 = 2,600 × 0.4 = 1,040（円）

　　　したがって，店舗全体の1人時単価 = 600 + 1,040

　　　　　　　　　　　　　　　　　　　 = 1,640（円）

　　　　　　　　　　　　　　$\therefore$（イ）には（1,640）が入る。

ウ：人件費が4億円，店舗合計の1人時単価が1,640円であることから，Y店の今期の総人時は次のようになる。

　　　総人時 = 400,000,000 ÷ 1,640 = 243,902.4（人時）

　　　ただし書きで，小数点以下はすべて繰り上げるとされているので，

　　　　総人時 = 243,903（人時）

　　　また，$人時生産性 = \dfrac{粗利益高}{総人時} = \dfrac{1,000,000,000}{243,903}$

　　　　　　　　　　　　　　　　　　　 = 4099.9

ただし書きで，小数点以下はすべて繰り上げるとされているので，
人時生産性＝ 4,100（円／人時）
∴〔 ウ 〕には〔4,100〕が入る。

⑦ア－ 55　　イ－ 51

解説 計算式は次の通りである。

• 8時間換算によるパートタイマー比率

社員1〜社員3の「8時間換算による要員数」はそれぞれ 1.00
人であるので，これらを合計すると 3.00 人となる。

一方，パート1の「8時間換算による要員数」は 0.50 人，パー
ト2は 0.63 人，パート3とパート4は 0.75 人，パート5は 1.00
人である。よって，これらを合計すると，0.50 ＋ 0.63 ＋ 0.75
＋ 0.75 ＋ 1.00 ＝ 3.63（人）となる。

したがって，求めるものは，$\dfrac{3.63}{3.00 + 3.63} = \dfrac{3.63}{6.63} ≒ 0.547$

ただし書きにより，パーセントは1％未満を四捨五入することに
なっているので，54.7％は55％になる。　∴〔ア〕には〔55〕が入る。

• 年間労働時間換算によるパートタイマー比率

社員1〜社員3の場合，1日当たり勤務時間が8時間で，年間勤務
日数が 240 日であるので，
(8 × 240)× 3 ＝ 5,760（時間）……①
年間残業時間は社員1の場合，100 時間
社員2の場合，180 時間
社員3の場合，120 時間
したがって，100 ＋ 180 ＋ 120 ＝ 400（時間）……②
①＋②より，5,760 ＋ 400 ＝ 6,160（時間）
以上より，社員全員の年間労働時間は 6,160（時間）
一方，パートタイマーの年間労働時間は次のようになる。

パート1の場合，4 × 160 ＋ 40 ＝ 640 ＋ 40 ＝ 680　　……③
パート2の場合，5 × 230 ＋ 66 ＝ 1,150 ＋ 66 ＝ 1,216　……④
パート3の場合，6 × 200 ＋ 24 ＝ 1,200 ＋ 24 ＝ 1,224　……⑤
パート4の場合，6 × 180 ＋ 80 ＝ 1,080 ＋ 80 ＝ 1,160　……⑥
パート5の場合，8 × 240 ＋ 100 ＝ 1,920 ＋ 100 ＝ 2,020……⑦
③＋④＋⑤＋⑥＋⑦より，

第1章　第2章　第3章　第4章　第5章　模擬テスト

680 ＋ 1,216 ＋ 1,224 ＋ 1,160 ＋ 2,020 ＝ 6,300（時間）

したがって，求めるものは，$\dfrac{6,300}{6,160 + 6,300} = \dfrac{6,300}{12,460} ≒ 0.505$

ただし書きにより，パーセントは１％未満を四捨五入することになっているので，50.5％は51％になる。

∴〔イ〕には〔51〕が入る。

⑧ア－集中化　　イ－機械化

解説 作業効率化の原則として，集中化，平準化，機械化，アウトソーシングの４つがある。

・平準化……作業量が１つの時間に集中しないよう，作業を分散し，平準化すること。集中化しすぎることで作業量が多くなる場合は，平準化しなければならない。

・アウトソーシング……一部の作業を効率のよい外部の専門業者に丸ごと委託すること。

⑨ア－54,000　　イ－43,200　　ウ－94

解説 計算式は以下の通りである。

ア：１週目の売上構成比は次のようになる。

7,200（万円）÷ 400,000（万円）＝ 0.018　つまり，1.8％

総人時は3,000,000人時であるので，１週目の人時は次のようになる。

3,000,000 × 0.018 ＝ 54,000（人時）

∴〔ア〕には〔54,000〕が入る。

イ：１週目におけるパートタイマー比率は80％であるので，パートタイマー人時は次のようになる。

54,000 × 0.8 ＝ 43,200（人時）

∴〔イ〕には〔43,200〕が入る。

ウ：週の人時の平均値は次のようになる。

3,000,000 ÷ 52 ＝ 57,692.3

ただし書きにより，小数点以下は繰り上げとなるので，

週の人時の平均値＝ 57,693（人時）

よって，１週目の週別指数は次のようになる。

54,000 ÷ 57,693 ＝ 0.935

ただし書きにより，小数第３位を四捨五入するので，

求めるものは，0.94。つまり，94％

∴〔ウ〕には〔94〕が入る。

⑩ ア－パートタイマー　　イ－在庫管理

[解説]小売業においては，パートタイマー比率は 70 ～ 80％の限界水準に達している。よって，今後，営業利益を維持するためには，店舗の本格的な生産性向上に取り組む必要がある。

⑪ ア－有効化　　イ－標準人時

[解説]作業マネジメントが実施されないと，作業量と標準時間の計測ができないためワークスケジューリング（作業割当）ができないことになり，生産性の向上が達成できない。

⑫ ア－発注　　イ－発注精度　　ウ－加工

　　エ－小まめな加工作業　　オ－在庫　　カ－見切り開始

[解説]第1段階の作業のポイントはこのほかに「販売計画との連動をはかること」がある。第2段階の作業のポイントはこのほかに「コストのかからない作業システムをつくること」がある。第3段階の作業のポイントはこのほかに「売り切り，廃棄をしないこと」がある。

⑬ ア－平均値　　イ－100％　　ウ－販売ピーク時間帯

　　エ－50％　　オ－折返し時間　　カ－見切り基準時間

[解説]見切り基準時間とは，商品を値下して販売する開始時間のこと。一般に 17 時少し前であり，その際，商品に売価変更のラベルを貼付するか，店内放送で「今から○○商品の値下を開始する」ことをアナウンスする必要がある。

⑭ バイングパワー

[解説]ハンドブックは，バイングパワー（Buying Power）について，「取引関係において購買力で優越的な地位にあること。主として，大規模小売業が特定商品の圧倒的な販売力などを背景に，サプライヤーへ向けて発揮する買付け力のこと。バイングパワーを濫用すると，独占禁止法の違法性を問われるケースがある」と述べている。

⑮ ア－恒常的低価格　　イ－特売　　ウ－全品目

　　エ－仕入価格　　　オ－ローコストオペレーション

[解説]ハンドブックは，EDLP（Everyday Low Price）について，「セールスプロモーションのような一定期間の低価格販売と異なり，一年中，徹底した低価格であらゆる商品を提供し続けるオペレーションシステムを前提とした恒常的低価格販売の仕組みのこと。粗利益を削って一時的に低価格を設定することではない」と述べている。

⑯ア－ハイ＆ロー・プライシング　　イ－通常価格

ウ－チラシ広告　　エ－大量陳列

　解説 ハンドブックは，ハイ＆ロー・プライシングについて，「多くの小売店で一般的にみられる価格政策のこと。主に定番商品を対象として，通常価格を週ごとに引き下げたり，また元の通常価格へ戻したりする方法のこと」と述べている。

⑰ア－18　　イ－833　　ウ－4,083

　解説 計算式は次の通りである。

　　　ア：計画された売上高総利益率（粗利益率）

　　　　　＝（特売商品の売上高構成比×売上高総利益率）

　　　　　　　　　＋（定番商品の売上高構成比×売上高総利益率）

　　　　∴計画された売上高総利益率＝（0.2 × 0.1）＋（0.8 × 0.2）

　　　　　　　　　　　　　　　　　　＝ 0.02 ＋ 0.16

　　　　　　　　　　　　　　　　　　＝ 0.18

　　　　　計画された売上高総利益率＝ 18%

　　　イ：特売コスト＝販促費（販売促進費）＋特売作業コスト

　　　　　　　　　　＝ 100 ＋ 50

　　　　　　　　　　＝ 150 （万円）

　　　　特売コストを吸収するための売上高の増加額＝増加売上高

$$増加売上高＝\frac{特売コスト}{計画された売上高総利益率}$$

$$＝\frac{150}{0.18}$$

　　　　　　　　＝ 833.3（万円）

　　　ただし書きにより，千円の位を四捨五入すると，

　　　　増加売上高＝ 833（万円）

　　　ウ：必要売上高＝増加売上高＋通常売上高

　　　　　　　　　　＝ 833 ＋ 3,250

　　　　　　　　　　＝ 4,083（万円）

⑱ア－水洗い　　　イ－トリミング　　　ウ－切り身

エ－盛りつけ　　　オ－パック　　　　　カ－値付

　解説 1次加工，2次加工，3次加工のことを，1次工程，2次工程，3次工程ともいう。これらの用語はほぼ同義語なので，臨機応変に解釈しよう。

⑲ア－仕掛品　　イ－仕置品　　ウ－仕越し品

解説「仕掛け」とは，「し始めてから途中であること」の意味。「仕置品」は当日販売する商品という意味あいがある。一方，「仕越し品」は翌日販売するという意味あいがある。

⑳ア－278　　イ－358　　ウ－13,966

解説計算式は次の通りである。

ア：まず，1週間の販売数を求める。

$$5,000,000 \div 400 = 12,500 （個）$$

1個当たりの加工時間は80秒なので，変動作業人時を求める計算式は次のようになる。なお，1時間は $60 \times 60 = 3,600$（秒）である。

$$12,500 \times 80 \div 3600 = 277.7 （人時）$$

ただし書きより，小数点以下はすべて繰り上がりなので，

変動作業人時 $= 278$ （人時）

イ：変動作業人時＋固定作業人時＝必要人時

$$\therefore 必要人時 = 278 + 80 = 358 （人時）$$

ウ：人時売上高 $= \dfrac{売上高予算}{必要人時}$

$$= \dfrac{5,000,000}{358}$$

$$= 13,966.4 （円）$$

ただし書きより，小数第1位を四捨五入するので

人時売上高 $= 13,966$ （円）

㉑ア－ワンデイ・ツーオープン　　イ－加工作業

解説「スーパーマーケット」の箇所に空欄が設けられるケースもあるので，「ワンデイ・ツーオープン→スーパーマーケット業界」と覚えておこう。

㉒ア－鮮度　　イ－商品の補充（品出し）　　ウ－最大在庫

解説1サイクル加工の利点は，1日に1回の加工作業なので，2サイクル加工に比べ，作業コストが少なくて済み，作業が効率的であること。

また，2サイクル加工の利点は，夕方になっても鮮度が落ちないこと。作業については，朝の時間帯集中化を分散できる。欠点は，1サイクル加工に比べ，作業コストが多くなること。

㉓ストック・トゥ・オーダーシステム

解説顧客を待たせないことを重要なサービスポイントとするファース

トフード，コーヒーショップ，ファミリーレストランでは，ストック・トゥ・オーダーシステムを基本原則としている。

㉔ 22

解説 月曜日の仕越し作業が8人時，火曜日当日の作業が14人時であることから，次式が成立する。

火曜日の作業＝8＋14＝22（人時）

㉕ 20

解説 木曜日の作業をx人時とすると，次式が成立する。

$$x \times 0.4 + 12 = x$$
$$x - 0.4x = 12 \qquad 0.6x = 12$$
$$\therefore x = 20 \text{（人時）}$$

㉖ ア－72,000,000　　イ－18,000,000　　ウ－1,940

エ－9,278　　　　オ－7,760

解説 計算問題は繰り返し練習することがポイント。

・粗利益率＝$\dfrac{粗利益高}{売上高}$　　$\therefore 0.4 = \dfrac{粗利益高}{18,000}$

$\therefore$粗利益高＝$18,000 \times 0.4 = 7,200$（万円）

・労働分配率＝$\dfrac{総人件費}{粗利益高}$　　$\therefore 0.25 = \dfrac{総人件費}{7,200}$

$\therefore$総人件費＝$7,200 \times 0.25 = 1,800$（万円）

・店1人時単価＝（正規社員の1人時単価×正規社員比率）＋

（パートタイマーの1人時単価×パートタイマー比率）

$= (3,200 \times 0.3) + (1,400 \times 0.7)$

$= 960 + 980$

$= 1,940$（円）

・総人時＝$\dfrac{総人件費}{店1人時単価} = \dfrac{18,000,000}{1,940} = 9,278.3$

小数点以下は四捨五入するので，総人時＝9,278（人時）

・人時生産性＝$\dfrac{粗利益高}{総人時} = \dfrac{72,000,000}{9,278} = 7,760.2$

小数点以下は四捨五入するので，人時生産性＝7,760（円／人時）

（注）「店1人時単価」のことを「従業員合計の1人時単価」ともいう。

管理者または店長による
人材育成（OJT）の実践

OJTの実践方法（1）
OJTの機会

□ 次のア～オは，OJT に関して述べたものである。正しいものには
1を，誤っているものには2を記入しなさい。

ア　OJT とは，現場の管理者が日常の業務を通じて部下の従業員
に，仕事に必要な知識，技術などを意図的，計画的に指導・教育
することである。

イ　最近，従業員が元気がなさそうなので，管理者が夕食に誘って
悩み事を聞き，助言をした。このことから従業員は，顧客の立場
に立ってものごとを考える姿勢を学んだ。

ウ　「当店では，お買上げいただいた商品がご満足いただけない場
合，いつでもお取替え，ご返金いたします」という顧客との約束
について，管理者がなぜそうするのが大切なのかを管理者独特の
言いまわしで説明してくれた。このことから従業員は，顧客に対
する当店の姿勢を学んだ。

エ　従業員がどのようにして商品知識を覚えていけばよいのか悩ん
でいるようだったので，管理者が商品知識などを身につけてきた
経験談を語り，アドバイスした。このことから，従業員はみんな
苦悩しているんだという安心感を覚えた。

オ　顧客から苦情が出たとき，上司一人で対策を決めず，部下の従
業員と一緒に，「なぜ不手際が起きたのか」などを考え，対策を決
めて実行していくことにした。このことから，従業員はコミュニ
ケーションの大切さを学んだ。

POINT!! 　解説

イ：管理者の指導内容から，従業員は"コミュニケーションの大切さ""上司
への信頼感のようなもの"を学ぶことになる。

オ：管理者の指導内容から，"顧客の立場に立ってものごとを考える姿勢""真
の問題を発見し，その問題を解決する過程（業務改善）"を学ぶことになる。

正解　　□ ア 1　□ イ 2　□ ウ 1　□ エ 1　□ オ 2

実力養成問題 OJTの実践方法（2）
管理者が心がけるべき OJT のポイント

□ 次のア～オは，管理者が心がけるべき OJT のポイントに関して述べたものである。正しいものには1を，誤っているものには2を記入しなさい。

ア 新しい仕事を割り当てるとき，従業員の現状レベルと同じような仕事を与える。

イ 仕事を指示するとき，その仕事の目的や意義は必ず説明するが，その仕事をやり遂げる期限については明言しない。

ウ 重要な仕事や長時間での仕事を任せているときは，必ず中間報告を求める。

エ 叱るときは，従業員と1対1の場面をつくり，決して感情的にならず，事実にもとづいて叱る。

オ 従業員から報告を受けたとき，問題点があった場合には，報告の途中でも，その点について問いただす。

POINT!! 解説

ア：従業員の現状レベルよりも少しだけレベルの高い仕事を割り当てるとよい。

イ：仕事を指示するとき，「指示する仕事の目的や意義を説明する」とともに，「どのように（手順），いつまでに（期限），その仕事をやり遂げるのか」をはっきり言う。

ウ：部下が仕事に取り組んでいるときには，「目を配り，声をかけたりして進捗状況を確認する」ことも重要である。

エ：叱るとき，「頭ごなしに改善を命令するのではなく，「なぜ改善するのか」「何を改善すればいいのか」などを従業員に気づかせるように仕向ける」ことも大切である。

オ：従業員から報告を受けたとき，管理者はまず「その報告を最後まで聞く」ことが大切である。その後で，「仕事の過程の中で問題点はなかったかを，お互いに省みる」ことなどが大切である。

正解 ア2 イ2 ウ1 エ1 オ2

第1章　第2章　第3章　第4章　第5章　模擬テスト

179

OJTの実践方法（3）
効果的な OJT の実践ステップ

□ 次の文中の〔 〕の部分に，下記の語群のうち最も適当なものを選びなさい。

職場におけるすべての機会を OJT の機会として捉える必要がある。しかし，〔ア〕ばかりでは，OJT の効果は思うように現れない。OJT を効果的に進めるために管理者は，次の(1)から(6)のステップを十分理解し，計画的に行う必要がある。

(1)〔イ〕の理解
　・目標達成のために必要な能力の要件を知り，部下の従業員と共有化する。

(2)〔ウ〕必要点の把握
　・部下の従業員の仕事ぶりから現状の能力を評価し，不足している能力を明確にする。

(3)指導計画の決定
　・指導項目を決定する。
　・指導期間やスケジュールなどを決定する。

(4)指導の実施
　・指導計画に従い，OJT を推進する。

(5)〔エ〕の確認
　・部下の従業員の習得状況や出来映えを評価する。
　・自己と上司の評価にもとづく相互確認を行う。

(6)〔オ〕
　・上司が期待するレベルに能力が向上するまで繰り返し指導する。

〈語群〉

①教育　　　　　　　②考え方　　　　　③信頼関係
④業務改善　　　　　⑤指導育成　　　　⑥職務基準
⑦体系的な指導　　　⑧反復・追加指導
⑨場当たり的な指導　⑩指導成果

POINT!! 解説

　上文の主旨は，「場当たり的な指導では，OJT の効果は上がらないので，実施に際しては，計画的に OJT を行う必要がある」というものである。別言すれば，「OJT を効果的なものにするには，上司が部下に対して仕事に関する知識などをただ単に教えればよいというのではなく，そこには周到な準備が必要である」ということである。

　OJT を効果的に進めるためのステップは，以下の通りである。

　(1)職務基準の理解→(2)教育必要点の把握→(3)指導計画の決定→

　(4)指導の実施→(5)指導成果の確認→(6)反復・追加指導

　(1)については，課せられた職務を達成するために必要な能力の要件を上司と部下が知るということ。(2)については，部下の能力を把握し，部下の不足している点を認識するということ。

表　効果的な OJT の実践ステップ

ステップ1	職務基準の理解	・目標達成のために必要な能力の要件を知り，部下の従業員と共有化する。 ・全社，全店，自店などの方針と目標を部下と共有化する。
ステップ2	教育必要点の把握	・部下の従業員の仕事ぶりから現状の能力を評価し，不足している能力を明確にする。 ・長期と短期の視点から育成の必要点を把握する。
ステップ3	指導計画の決定	・指導項目を決定する。 ・指導期間やスケジュールなどを決定する。 ・指導方法や使用ツールなどを確認する。
ステップ4	指導の実施	・指導計画に従い，OJT を推進する。 ・自己啓発を促進する。 ・指導計画の修正と指導項目を追加する。
ステップ5	指導成果の確認	・部下の従業員の習得状況や出来映えを評価する。 ・自己と上司の評価にもとづく相互確認を行う。 ・次回への課題や目標を設定する。 ・指導方法などを反省する。
ステップ6	反復・追加指導	・上司が期待するレベルに能力が向上するまで繰り返し指導する。

出所：『販売士ハンドブック（発展編）』

正解 □ ア⑨ □ イ⑥ □ ウ① □ エ⑩ □ オ⑧

□ 次のア～オは，OJT を推進する力，OJT を進めるうえでの留意
事項について述べたものである。正しいものには1を，誤ってい
るものには2を記入しなさい。

ア　管理者が部下を育てようという意識を強く持っていれば，たと
え部下が自ら学ぼうとする意欲が欠けていても，部下は成長する
ことになる。

イ　上司は部下を OJT により教える時間的余裕はあまりないが，
仕事のすべてを手取り足取り教えることで，数か月後には大きな
成果となって現れる。

ウ　OJT の本質は，部下の育成計画を立案し，一定期間の中で，
計画にもとづいて指導し，部下の業務遂行能力のレベルを上げて
いくことにある。

エ　管理者は OJT を実行する際，部下と共に勉強しながら成長し
ていこうという気持ちを持つことが重要となる。

オ　ベテランの部下に対する OJT は，会社や店などの方針を明示
し，業務上の対策は自分で考えさせることを優先することが重要
である。

POINT!! 解説

ア：管理者が部下を育てようという意識を強く持っていても，部下が自ら学
ぼうという意欲が欠けていたら，成長は期待できない。

　　下図は，管理者が部下を育成しようとする意識の程度(強弱)と部下が学
ぼうとする意欲の程度(強弱)から生じる4つのケースを示したものであ
る。

　　管理者が部下を育成しようとする意識が強く，かつ，部下が学ぼうとす
る意欲が強い場合，「管理者・部下ともに成長し，仕事が意欲的にできて
いる状態」となる。

　　反対に両者ともに意識および意欲が弱い場合，「管理者・部下ともに成
長は望めず，職場が〝シラケムード〟の状態」となる。

図 管理者の意識と部下の意欲の関係

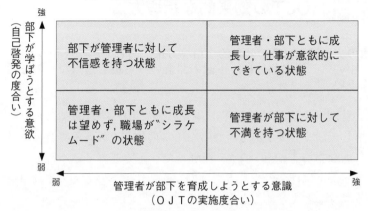

出所：『販売士ハンドブック（発展編）』

イ：上司は部下に仕事のすべてを手取り足取り教えるのではなく，仕事の一部を部下に任せることで，部下に考えさせたり，調べさせたりすることが重要である。

　　なお，主任や係長クラス以上になると，OJTにより部下を教える時間的余裕はますますなくなるが，部下の育成は重要な業務の1つであることをしっかり認識する必要がある。

ウ：ハンドブックは，「業務上，問題が発生したつど，OJTで従業員に教えていくことは大切であるものの，上司は部下の現状の業務遂行能力をしっかり管理し，教育ポイントを明確にしたうえでOJTを進めることが大切である」と述べている。

エ：OJTを実行するに際して，管理者は自分の知識や技術などを見直す必要があるし，この見直しにより管理者は自らを再点検することになる。

オ：OJTは個人の能力のレベルに合わせて行うことが基本であるが，ベテランの部下については自分自身で考えてもらうようにするとよい。

正　解　☐ア2　☐イ2　☐ウ1　☐エ1　☐オ1

183

□ 次の文章は，OJTの効果的な指導方法に関して述べたものである。
文中の〔 〕の部分に，下記の語群のうち最も適当なものを選び
なさい。

　　管理者や店長は，OJTの実施にあたり，効果的な教え方を理
解しておく必要がある。たった1つの作業を教える場合でも，「効
果的な指導方法」の〔ア〕を理解したうえで進めていくことによっ
て，部下は作業のやり方だけでなく，仕事への考え方や仕事をす
るコツなどを学ぶことができる。
　　効果的指導方法のステップは，〔イ〕→〔ウ〕→〔エ〕→〔オ〕，とい
う流れになる。

〈語　群〉
①事例　　　②フロー　　　③ストック
④よくない点を教える　　⑤教える準備をする
⑥ポイントを確認する　　⑦実際にやらせてみる
⑧教えた後をみる　　　⑨再度・実際にやらせてみる
⑩実際にやってみせる

POINT!! 解説

ア：第2段落の「効果的指導方法のステップ」「……という流れになる」から，
「フロー」が入る。この種の問題は，"どこかに手がかりはないか"を考える
のがポイント。

イ〜オ：効果的指導方法のステップは次のようになる。

①教える準備をする　　　②実際にやってみせる
③実際にやらせてみる　　④教えた後をみる

「教えた後をみる」とは，教えた後で，理解しているかなどを何らかの方
法でチェックすることである。

正解　□ ア② 　□ イ⑤ 　□ ウ⑩ 　□ エ⑦ 　□ オ⑧

表　効果的指導方法のステップ

手　順	具体的方法	教えるポイント
第1段階：教える準備をする		
①従業員をリラックスさせる	・相手の答えられるような質問をする（会話レベルで可）。 例：「○○さん，お客様に聞かれて何かわからなかったことありますか？」など	・親しみを込めて尋ねる。
②何の仕事をしてもらうかを話す	・「あなたに発注（という仕事）を今からやってもらいます」という。 ・必要があれば，道具名，商品名などを付け加える。	・教えようとする仕事の名前などを具体的に話す。
③その仕事の認識度を確かめる	・「あなたは発注という仕事をやったこと（見たこと，聞いたこと）がありますか？」などという。 ・必要があれば，簡単に作業や使用する端末機や商品，帳票，規準，手引書について話をして，上記の質問を行う。	・具体的に，だんだん細かく質問を重ねていく。 ・相手が仕事について不正確な知識や間違ったやり方の習慣がついているときは，あらかじめその箇所をはっきりチェックしておき，もう一度それを本人にやらせて，その間違いを自覚させる必要がある。
④仕事を覚えたいという気持ちにさせる	・出来上がりの状態を見せる。 ・その仕事の性質，その仕事と出来上がりの状態の関係を話す。 ・仕事の持つ意義や役割の重要性を話す。 ・自店や顧客に対するその仕事の価値を伝える。	・不必要に好奇心や競争心などを駆り立てない。 ・正しいやり方をすれば安全だということを強調する。
⑤正しい位置につかせる	・仕事の動作がよく見える場所につかせる。	・身体位置,手先の場所を考える。 ・すべての準備ができ,その商品,帳票，手引書などについての知識が与えられたら第2段階へ。
第2段階：実際にやってみせる		
①主なステップどおりに1つずつ口と動作で示す	・作業手順の主なステップだけを，はっきり区切りをつけて，1つずつ口と動作で説明する。 ・主なステップに移るとき，動作を止めて「その次は」という言葉をはさむ。	・作業の過程を理解させるため,最初は黙ってやってみせる。 ・必要またはやむを得ないとき以外は手まねを使わない（実物教育が原則）。 ・間違った方法は絶対に使わない。 ・簡単で明確な言葉を使って説明する。専門用語や職場語は，必ず説明してから用いる。

手　順	具体的方法	教えるポイント
②重点を強調する	・主なステップに対応させて、「…するときに大事なことは」などと、はっきりした言い方をする。 ・重点がはっきりわかるように、動作と重点を一致させる。 ・語調を強く、繰り返して重点を教える。	・主なステップと重点は、必ずはっきり分けて強調する。 ・重点を強調するために身振りをしたり、アクセントをつけたりする。
③はっきりと、抜かりなく、根気よく、理解する能力以上に強いない	・再度、主なステップと重点を説明し、その理由をつけ加えながら、動作を示して見せる。 ・「ここで大事なことは何でしたか？」といった質問をして（2〜3回）、相手の重点の理解を確かめる。 ・その従業員の答えられそうな重点の理由を質問する。	・相手の従業員または仕事によっては2回に分ける。また、不十分と思われる場合には、より多くの回数を重ねて説明する。 ・習得の遅いときは、計画を変えて2段階またはそれ以上に分けて実行する。 ・焦ったり、怒ったり、あるいは自己満足に陥ったりしない。

第3段階：実際にやらせてみる（実習）		
手　順	具体的方法	教えるポイント
①やらせて、みて、間違いを直す	・「それでは、自分でやってみてください」などという。 ・もし、説明した方法と少しでも違ったら、すぐやめさせて直す。 ・直す場合には、次のような言い方をする。 「こうするともっとうまくいくよ」 「こうしたほうがもっと安全にできるよ」 「こうすればもっと簡単だよ」 「このところがまだ十分ではないね」	・従業員が実行するのを正しい位置からみる（見習い者につかせたのと同じ位置）。 ・間違いの多いときは、1つずつ直していく。 ・できるまで何回もやらせる。 ・間違えた原因を確かめるための質問をする。 ・よくわかっていない点は、もう一度、第2段階に戻って説明する。
②やらせながら作業を説明させる	・「今度は何をやっているか（手順）を言いながら、やってください」などという。	・間違いなく実行できるようになってから説明させる。 ・ここでは、主なステップが第2段階で説明したとおりに言えるかどうかを確かめる。 ・もし、説明ができなかったら、知っているところまで戻って、さらに説明する。
③できるようになったか確かめる	・指導マニュアルなどのチェック項目にもとづき、1つひとつ確認する。	・うまくやれたら、すぐに褒める。

第4段階：教えた後をみる（評価）		
手　順	具体的方法	教えるポイント
①仕事に就かせる	・継続してやらせる。 ・練習させる。 ・指導を打ち切って，ほかの仕事に就かせる。	・励ましの言葉をかけて継続を促す。
②わからないときに聞く担当者を決めておく	・「わからないことがあったら，私に聞いてください。私は，ここ（どこそこ）にいます」などという。	・「わからないときは，まず自分（リーダー）に聞け」が大事である。 ・自分（リーダー）の居場所およびそこへはどう行けばよいかをはっきり話す。 ・代行者を決める場合には，その人の氏名（役名），その人がその仕事についての熟練者であること，居場所，そこへ行く順路などをはっきり伝える。
③質問するように仕向ける	・「今教えた仕事の方法について，何か質問はありませんか？」などと聞く。 ・「もし，あなたに何かわからないことがあったら，いつでも私に聞いてください」などという。	・「わかったか」という高圧的な態度ではなく，誰もが疑問を抱きそうなことを尋ねてみる。
④何回か教えた後，実際の仕事ぶりをチェックする	・「10分たったら，あなたの仕事状況を見せてもらいに行きます」などという。 ・「出来上がったら見せてください」などという言い方もある。	・たとえば，「仕事の正確さを確かめるため10分後」「仕事の早さを調べるため5分後」などといったように計画的にチェックする。 ・チェックしたとき，よくできていたら褒める。 ・1週間，1か月後にできているかどうかをチェックする。
⑤指導の回数や時間を徐々に少なくする		・教えた方法が十分身について，習慣的にできるようになったら，その仕事の教育を終了する。

出所：『販売士ハンドブック（発展編）』

第1章

第2章

第3章

第4章

第5章

模擬テスト

> 　次の各問の〔　　〕の部分にあてはまる最も適当な語句・短文を記入しなさい。

① 〔　ア　〕は「職場内訓練」と訳される。職場の上司が日常業務を通じて，部下を個別または少数に限定して指導育成するものである。また，実務上の知識や技術だけでなく，〔　イ　〕の考え方などを計画的に指導する。

ア	イ

② 〔　　〕は「集合研修」あるいは「職場外研修」と訳される。外部の専門講師から職場では学ぶことのできない知識，技術，理論などを学ぶものである。多人数が一度に教育を受けることになる。

③ 仕事の場面ごとに管理者が心がける OJT のポイントとしては，次のことなどがある。
　　○新しい仕事を割り当てるときは，従業員の能力を現状レベルより〔　ア　〕ような仕事を割り当てる。
　　○仕事を指示するときは，指示する仕事の目的や〔　イ　〕（なぜその仕事が重要なのか）などを必ず説明する。
　　○仕事に取り組んでいるときは，目を配り，〔　ウ　〕して進捗状況を確認する。
　　○従業員から相談を受けたとき，話を〔　エ　〕，従業員の言葉の奥にある真意や感情が何なのかを把握する。

ア	イ

ウ	エ

④ OJT を効果的に進めるためには，次の 6 段階で行う。

Step 1 課せられた目標を達成するために〔 ア 〕を上司と部下がそれを共有すること。

Step 2 上司が部下の現在の能力を正確に把握するとともに，〔 イ 〕を明確にしておくこと。

Step 3 指導項目，指導期間，指導方法などを決定すること。いわゆる，〔 ウ 〕を決定すること。

Step 4 〔 ウ 〕に従い，〔 エ 〕を実施すること。

Step 5 部下の〔 オ 〕や出来映えを評価し，それにもとづいて次回への課題や目標を決めること。

Step 6 上司が期待するレベルに能力が達するまで，〔 カ 〕すること。

ア	イ	ウ

エ	オ	カ

⑤ 管理者や店長による OJT の効果的指導方法のステップは 4 つの段階から成る。そして，このうちの「教える準備」の手順については次のように 5 段階に分けられる。

・第 1 段階 従業員を〔 ア 〕させる。
・第 2 段階 どういう仕事をしてもらうかを話す。
・第 3 段階 その仕事の〔 イ 〕を確かめる。
・第 4 段階 仕事を〔 ウ 〕という気持ちにさせる。
・第 5 段階 正しい〔 エ 〕につかせる。

ア	イ

ウ	エ

①ア－OJT　イ－上司

[解説] OJT は「On the Job Training」の略。OJT のメリットとデメリットは次のものが挙げられる。

〈メリット〉

・業務の改善や効率化につながる。
・コミュニケーションや信頼関係の醸成がはかれる。
・個々のレベルに合わせた育成ができる。
・仕事に密着した指導養成ができる。

〈デメリット〉

・指導が場当たり的，無計画的になりやすい。
・指導時間がとりにくい。
・上司の意識や指導技術に左右される。

② Off-JT

[解説] 新版『ハンドブック１級』には Off-JT は掲載されていない。しかし，何らかのかたちで出題される可能性はあるので，これについても触れておく。Off-JT は「Off the Job Training」の略である。Off-JT のメリットとデメリットは次のものが挙げられる。

〈メリット〉

・他者と自分を比較し，自分の現時点での実力が確認できる。
・仕事を離れて学習に集中できる。
・多人数を一度に指導できる。
・理論的，体系的な仕事ができるようになる。

〈デメリット〉

・研修効果の確認が難しい。
・受け身の研修になりやすい。
・時間とコストが多くかかる。
・一般的，抽象的になりやすい。

③ア－少しだけ上回る　イ－意義
ウ－声をかけたり　エ－最後まで聞き

[解説] 仕事を指示するときについては，このほかに，「どのように(手順)，いつまでに(期限)，その仕事をやり遂げるのかをはっきり示す」ことが重要である。

④アー必要な能力の要件　　イー不足している能力　　ウー指導計画

エー OJT　　　　　　　　オー習得状況　　　　　　カー繰り返し指導

解説 Step 3 が「指導計画の決定」であることを覚えておくこと。すると，Step 4 は「指導計画にもとづき，OJT を実施すること」ということになる。

また，Step 5 においては，「評価」の箇所が空欄になる可能性があるので，よく覚えておくとよい。

⑤アーリラックス　　イー認識度　　ウー覚えたい　　エー位置

解説 各段階での「教えるポイント」は次の通りである。

・第1段階

相手の答えられるような質問を親しみを込めて尋ねること。

・第2段階

教えようとする仕事の名前などを具体的に話す。その際，必要があれば，道具名や商品名などを付け加える。

・第3段階

具体的に，順を追って，細かく質問を重ねていくことで，仕事についての不正確な知識などを自覚させる。

・第4段階

不必要に好奇心などを駆り立てないで，正しいやり方をすれば安全であることを強調する。

・第5段階

身体位置，手先の場所などを考え，仕事の動作がよく見える場所につかせる。

リテールマーケティング(販売士)検定試験 1級 模擬テスト(ストアオペレーション)

注 実際のネット試験では, テスト開始の前に, 練習画面があって解答練習ができます。

模擬テストを始める前に

本書の最初に，「ネット試験の概要」で説明したように，実際のネット試験は次のようになっています。

ストアオペレーション　1/20問

次の各問の〔　　〕の部分にあてはまる最も適当なものを選択肢から選びなさい。

〔　　〕とは，変動作業である商品補充（品出し）作業を店舗全体から割り出した基準と各店舗とを比較して，店舗別に基準達成率を算出したものである。これにより，どの店舗が基準を上回っているか，あるいは下回っているかが判明する。

- 変動作業運用チェック
- MHC進捗状況店別比較
- 店舗別作業基準比較
- 店舗別作業構成比較

ストアオペレーション　2/20問

次の各問の〔　　〕の部分にあてはまる最も適当なものを選択肢から選びなさい。

鮮魚を作業工程別に整理すると，タイプA〜タイプGの7つに分けられる。これらのうち，タイプEは，二枚または三枚におろされてパック化された商品で，一般に〔　　〕と呼ばれるものである。

- 丸　物
- フィーレ
- ブロック
- トリミング

ストアオペレーション　11／20 問

次の各問の〔　　〕の部分にあてはまる最も適当な語句・短文を記入しなさい。

売上高営業利益率とは，売上高総利益率から〔　　〕を差し引いたものである。前者を高めるためにはリスクマーチャンダイジング，後者を下げるためにはローコストオペレーションの構築が不可欠となる。

しかし，本書の「模擬テスト」は次のような出題形式にしますので，その点はご了解下さい。

◆ストアオペレーション

◉次の各問の〔　　〕の部分にあてはまる最も適当なものを選択肢から選びなさい。

① 〔　　〕とは，変動作業である商品補充（品出し）作業を店舗全体から割り出した基準と各店舗とを比較して，店舗別に基準達成率を算出したものである。これにより，どの店舗が基準を上回っているか，あるいは下回っているかが判明する。

- ◦ 変動作業運用チェック
- ◦ MHC 進捗状況店別比較
- ◦ 店舗別作業基準比較
- ◦ 店舗別作業構成比較

② 鮮魚を作業工程別に整理すると，タイプ A 〜タイプ G の 7 つに分けられる。これらのうち，タイプ E は，二枚または三枚におろされてパック化された商品で，一般に〔　　〕と呼ばれるものである。
- ◦ 丸　物
- ◦ ブロック
- ◦ フィーレ
- ◦ トリミング

③ ＿＿。

〳　　　　　〳

●次の各問の〔　　〕の部分にあてはまる最も適当な語句・短文などを記入しなさい。
⑪ 売上高営業利益率とは，売上高総利益率から〔　　〕を差し引いたものである。前者を高めるためにはリスクマーチャンダイジング，後者を下げるためにはローコストオペレーションの構築が不可欠となる。

⑫ ＿＿。

〈制限時間〉
ネット試験の制限時間は 5 科目で 90 分です。本書の模擬テストは「ストアオペレーション」だけなので，(90 ÷ 5) × 1 = 18（分）とします。

模擬テスト1 （ストアオペレーション）

〈制限時間：18分〉

◆ストアオペレーション　（各5点×20＝100点）

●次の各問の〔　　〕の部分にあてはまる最も適当なものを選択肢から選びなさい。

① よく売れている商品の場合，売場での混雑時間が過ぎると，必ず商品の減り方が激しく，陳列状態も乱れている。このように，売場に陳列している商品の状態を見て，その売れ行き具合を知る方法を〔　　〕という。

- 発注量によって知る方法
- 補充量によって知る方法
- 販売実績の分析によって知る方法
- 目による管理方法

② 売場におけるデータ活用のレベルは4つの段階に分かれるが，一般にデータベースといわれるのは〔　　〕の段階である。

- レベル1
- レベル2
- レベル3
- レベル4

③ バブル経済崩壊以降，以前のような売上拡大による収益の増大が見込めなくなったことから，売上高が拡大しない中において収益を増大するための手段として〔　　〕が導入されることになった。

- POS
- CAO
- LSP
- FSP

④　販促費は，人件費や設備費などに次ぐ大きな費用である。その
　　ため，従来から小売業は特売の回数を減らしたり，〔　　〕政策を
　　遂行したりして，販促費を減らす努力を行っている。
　　　◦　差別化　　　　◦　ローコストオペレーション
　　　◦　EDLP　　　　◦　ハイ＆ロー・プライシング

⑤　水曜日の仕越し作業が6人時，木曜日の当日の作業が16人時，
　　木曜日の仕越し作業が7人時であるとき，木曜日の作業は〔　　〕
　　となる。
　　　◦　21人時　　　◦　22人時
　　　◦　23人時　　　◦　24人時

⑥　F店の生鮮食料品部門における，火曜日の売上高予算が405,000
　　円，1個当たりの単価が500円，1個当たりの加工時間が80秒，
　　固定作業人時が10人時である。
　　　このとき，火曜日の必要人時は〔　　〕となる。
　　　◦　26人時　　　◦　28人時
　　　◦　30人時　　　◦　32人時

⑦　営業利益率（売上高営業利益率）を向上させようとすれば，売
　　上高総利益率を高めるか，売上高販管費率を下げるかの選択とな
　　る。前者を実現するためには，〔　　〕への取組みが必要である。
　　　◦　ローコストオペレーション
　　　◦　ビジュアルマーチャンダイジング
　　　◦　クロスマーチャンダイジング
　　　◦　リスクマーチャンダイジング

⑧ 定番ゴンドラなどにおける商品の前出し作業などは，必要のある
たびに随時行うとトータルの作業時間が増えてしまうことから，あ
る時間にまとめて数人でゴンドラの順番を決めて行うようにする。
　上記のような作業の効率化の原則を〔　　〕という。
　　○ 集中化　　　　　　　○ 平準化
　　○ 機械化　　　　　　　○ アウトソーシング

⑨ 人時管理を効果的に推進するためのステップは，一般的に次の
7つから成るのが望ましいとされている。
　下記のステップ3の〔　　〕に該当するものはどれか。
　　ステップ1〔　　　〕
　　ステップ2〔　　　〕
　　ステップ3〔　　　〕
　　ステップ4〔　　　〕
　　ステップ5〔作業の実施と記録〕
　　ステップ6〔作業基準とのチェック〕
　　ステップ7〔作業の改善〕
　　○ 生産性基準の設定　　　○ 人時計画表の作成
　　○ MHCの概念を理解　　　○ 作業基準の設定

⑩ 下表は，開店から閉店までの時間帯別の売上高の平均値を調査し，その売上合計を100％として，時間帯別の売上高構成比を計算したものである。

下表から，見切り基準時間は〔　　　〕に設定するのがよいといえる。

時　間	10	11	12	13	14	15	16	17	18	19	20	計
売上高	100	184	284	224	186	106	96	324	296	144	56	2,000
構成比（％）	5.0	9.2	14.2	11.2	9.3	5.3	4.8	16.2	14.8	7.2	2.8	100.0
累　計（％）	5.0	14.2	28.4	39.6	48.9	54.2	59.0	75.2	90.0	97.2	100.0	

◦　15時　　　◦　16時

◦　17時　　　◦　18時

●次の各問の〔　　　〕の部分にあてはまる最も適当な語句・短文などを記入しなさい。

⑪ チェーンストアの本部は各店舗の従業員の総労働時間をほぼ決めているので，店舗の最高責任者である店長が人時生産性を向上させようとしたら，〔　　　〕に努める必要がある。

⑫ 店長は本部スタッフのコスト管理主義マネジメントからの脱却を求められるが，こうした状況の下，店長が取り組むべきマネジメントの革新の1つに，〔　　　〕のインフラ整備を行うことがある。これにより，店長と従業員との信頼関係を形成していくことになる。

⑬　F店の今期の計画値は下記の通りである。このとき，今期の総
人時は〔　　　〕人時となる。なお，小数第1位を四捨五入する。

- ・売上総利益　　　　　　　　　：　400,000,000 円
- ・労働分配率　　　　　　　　　：　25%
- ・正規社員の1人時単価　　　　：　4,000 円
- ・正規社員比率　　　　　　　　：　20%
- ・パートタイマーの1人時単価　：　1,600 円
- ・パートタイマー比率　　　　　：　80%

⑭　S商品カテゴリーの特売計画に関する与件は次の通りである。
このとき，特売コストを吸収するために必要な売上高の増加額は
〔　　　〕円である。なお，小数点以下は四捨五入する。

- ・販売促進費　　　　　　　　　　：　100,000 円
- ・特売作業コスト　　　　　　　　：　20,000 円
- ・特売商品の売上高構成比　　　　：　30%
- ・特売商品の売上高総利益率　　　：　20%
- ・定番商品の売上高構成比　　　　：　70%
- ・定番商品の売上高総利益率　　　：　40%

⑮　Y店の鮮魚部門において，週の売上高予算は810万円，1個当
たり平均単価は1,500円，1個当たりの加工時間は200秒である。
また，1週間の固定作業人時は240人時である。
このとき，1週間の人時売上高は〔　　　〕円となる。

⑯ 売上高や店舗への来店客数に影響を及ぼす天候，気温，地域行事などのあらゆる外部要因のデータを〔　　〕という。これらのデータをPOSデータなどと組み合わせて分析することで，外部要因が及ぼす影響を数値で把握できることになる。

⑰ 鮮魚の加工作業は，1次工程から3次工程まである。このうち，2次工程とは〔　　〕までをいう。

⑱ ストアオペレーションにおけるルーティーンワークの基本は，「品質，清潔，奉仕，謙虚，礼儀」の5項目を顧客の立場で励行することである。そして，このことを「売場管理」「〔　　〕」「後方管理」「店内管理」「身だしなみ・応対」の5つの場面で実行しなければならない。

⑲ 生鮮食料品のロス管理のステップは次の3段階がある。
　　・第1段階：発注段階でロスを抑える
　　・第2段階：加工段階でロスを抑える
　　・第3段階：在庫段階でロスを抑える

　　上記の「加工段階でロスを抑える」ためには，次の方策を行う必要がある。
　　・販売に応じた〔　　〕を行う。
　　・コストのかからない作業システムを作る。

⑳　パートタイマー比率の求め方は，主に「8時間換算によるパートタイマー比率」と「年間労働時間換算によるパートタイマー比率」の2つがある。

　下表をもとに，後者のパートタイマー比率を求めると，その値は〔　　〕％となる。なお，答に端数が生じたとき，パーセントは1％未満を四捨五入しなさい。

	1日当たり勤務時間	8時間換算による要員数	年間勤務日数	年間残業時間
社員1	8時間	1.00人	240日	100時間
社員2	8時間	1.00人	240日	120時間
パート1	4時間	0.50人	180日	60時間
パート2	6時間	0.75人	160日	60時間
パート3	5時間	0.63人	200日	80時間
パート4	5時間	0.63人	140日	80時間

模擬テスト 1　正解 & 解説

◆ストアオペレーション

①－目による管理方法

解説　・発注量による方法……よく売れている商品の発注数量は多く，反対に，あまり売れていない商品の発注数量は少ない。
・販売実績の分析によって知る方法……自店のカテゴリー別売れ筋商品の販売実績データをパソコンから引き出して，カテゴリー別の売れ筋商品を把握する。

②－レベル 2

解説　レベル 2 は情報の段階である。数多くのデータをもとに，あるテーマについてまとめたもので，一般にデータベースといわれる。

③－ LSP

解説　LSP とは，Labor Scheduling Program の略語。従来のような売上高の拡大が期待できないならば，目標利益額を確保するためにはコストを削減しなければならない。そうした経営方針の大転換の中で LSP が注目されることになった。

④－ EDLP

解説　「特売」と深く関連があるものは「EDLP（恒常的低価格販売）」である。原則論でいえば，EDLP 政策を遂行すれば，「特売」をする必要はない。また，特売をやめれば，販促費などを抑えることができ，その分，価格を安くすることができる。

⑤－ 22 人時

解説　水曜日の仕越し作業が 6 人時，木曜日の当日の作業が 16 人時であるので，次式が成立する。
木曜日の作業 = 6 + 16 = 22（人時）

⑥－28 人時

　解説　必要人時＝変動作業人時＋固定作業人時

　固定作業人時は 10 人時であるので，変動作業人時を求める。売上高予算が 405,000 円，1 個当たりの単価が 500 円なので，

　　405,000 ÷ 500 ＝ 810（個）

　　1 個当たりの加工時間は 80 秒なので，

　　全部の加工時間＝ 80 × 810

　　　　　　　　　＝ 64,800（秒）

　　「秒」を「時」に直すと，64,800 ÷ 60 ÷ 60 ＝ 18（人時）

　　必要時間＝ 18 ＋ 10 ＝ 28（人時）

⑦－リスクマーチャンダイジング

　解説　ハンドブックは，リスクマーチャンダイジング（Risk Merchandising）について，「自主マーチャンダイジングとも呼ばれ，自主開発 MD と自主編集 MD とに分類されている。前者は，小売業が商品開発を行った商品をディスプレイ，販売促進する諸活動のこと。後者は，メーカーが製造した商品を小売業が委託販売ではなく，買取仕入を行い，それらの商品を独自にディスプレイ，販売促進する諸活動のこと」と述べている。

⑧－集中化

　解説　作業効率化の原則として，集中化，平準化，機械化，アウトソーシングの 4 つがある。この 4 つの原則は記述式穴埋問題としても出題される可能性があるので，キーワードはよく覚えておくことである。

⑨－作業基準の設定

　解説　ステップ 1 は「MHC（人時管理）の概念を理解」が入ることは容易にわかると思われる。

　次に，人時計画表は生産性基準と作業基準にもとづき作成される。よって，ステップ 4 は「人時計画表の作成」が入ることになる。

　したがって，ステップ 2 は「生産性基準の設定」，ステップ 3 は「作業基準の設定」が入ることになる。

⑩ - 17 時

> **解説** 見切り基準時間を設定する場合，まず折返し時間を見つけなければならない。折返し時間とは，時間帯別売上高構成比を累計して，それが50％を超える時間帯である。与えられた表を見ると，15時から16時にかけてということになる。
>
> 　また，見切り基準時間の設定は，折返し時間以降で，販売ピークの前ということになっている。販売ピークとは，構成比の値が最も大きい時間帯であるので，与えられた表から17時から18時にかけてということになる。見切り基準時間はその前であるので，17時となる。

⑪ - 粗利益高の増加

> **解説** 「粗利益高」とだけ記入すると，"不正解"となる。この場合は，「粗利益高の増加」と記入しなければならない。

⑫ - 店内コミュニケーション

> **解説** 店長が取り組むべきマネジメントの革新には3つある。
> （1）予算を目標値化する実務プロセスを確立すること。
> （2）店内コミュニケーションのインフラを整備すること。
> （3）全従業員による「継続的業務改善」を常に行う仕組みを作ること。

⑬ - 48,077

> **解説** 売上総利益＝粗利益高

$$労働分配率 = \frac{総人件費}{粗利益高} = \frac{総人件費}{売上総利益}$$

$$\therefore 総人件費 = 売上総利益 \times 労働分配率$$
$$= 40,000 \times 0.25$$
$$= 10,000 （万円）$$

店1人時単価＝（正規社員の1人時単価×正規社員比率）
　　　　　　　＋（パートタイマーの1人時単価×パートタイマー比率）
$$= (4,000 \times 0.2) + (1,600 \times 0.8)$$
$$= 800 + 1,280$$
$$= 2,080 （円）$$

$$総人時 = \frac{総人件費}{店1人時単価} = \frac{100,000,000}{2,080} = 48,076.9$$

小数第1位を四捨五入すると，総人時＝48,077（人時）

⑭ ‐ 352,941

解説　まずは，特売コストから計算する。

特売コスト＝販売促進費（販促費）＋特売作業コスト
$$= 100,000 + 20,000$$
$$= 120,000 （円）$$

次に，計画された売上高総利益率を計算する。

計画された売上高総利益率 $= (0.3 \times 0.2) + (0.7 \times 0.4)$
$$= 0.06 + 0.28$$
$$= 0.34$$

特売コストを吸収するために必要な売上高の増加額
＝増加売上高

$$増加売上高 = \frac{特売コスト}{計画された売上高総利益率}$$

$$= \frac{120,000}{0.34}$$

$$= 352,941.1 （円）$$

ただし書きにより，小数点以下を四捨五入すると，

増加売上高 $= 352,941 （円）$

⑮ ‐ 15,000

解説　まず，1 週間の販売数を求める。

週の売上高予算が 810 万円，1 個当たり平均単価が 1,500 円なので，
$$8,100,000 \div 1,500 = 5,400 （個）$$

1 個当たりの加工時間が 200 秒なので，変動作業人時を求める計算式は次のようになる。なお，秒を時間に直さなければならないので，3,600 で割る。

$$5,400 \times 200 \div 3,600 = 300 （人時）$$

よって，変動作業人時 $= 300 （人時）$

固定作業人時は 240 人時であるので，

変動作業人時＋固定作業人時＝必要人時
$$\therefore 必要人時 = 300 + 240$$
$$= 540 （人時）$$

人時売上高＝売上高予算÷必要人時
$$= 8,100,000 \div 540$$
$$= 15,000 （円）$$

⑯－コーザルデータ

解説 「Causal」とは,「原因となる」という意味である。コーザルデータを利用することで販売予測が可能となるので,それに伴い,発注計画や店舗の人員体制の準備などが可能となる。ただ,販売予測が外れることもあるので,その点を承知しておくとともに,コンピュータソフトの充実を常にはかる必要がある。

⑰－切り身から盛りつけ

解説 1次工程とは,水洗いからトリミングまでをいう。3次工程とは,パックから値付までをいう。

⑱－レジ,サッカー管理

解説 「品質,清潔,奉仕,謙虚,礼儀」の5項目の記入を求められる可能性もある。また,「売場管理」に関しては,「前進立体陳列の作業を常に実施する」「品出し作業で顧客に迷惑をかけない」の記述を求められる可能性もある。

⑲－小まめな加工作業

解説 小まめな加工作業を行うと,加工の段階でロスを抑えることはできるものの,反面,作業コストが増加することになる。よって,少ないコストでサイクル加工(2〜3回に分けての加工)を行う必要がある。その方法として,ハンドブックは次の2つを挙げている。
　　・商品カテゴリー別の固定作業をできるだけ少なくする。
　　・サイクル加工する商品の選定基準を明確にする。

⑳－47

解説 「年間労働時間換算によるパートタイマー比率」の計算式は次のようになる。
　　社員1と社員2の場合,1日当たり勤務時間が8時間で,年間勤務日数が240日であるので,
　　　　$(8 \times 240) \times 2 = 1,920 \times 2 = 3,840$(時間) ……①
　　年間残業時間は,社員1の場合,100時間
　　　　　　　　　　　社員2の場合,120時間

$$220 \text{ 時間} \quad \cdots\cdots ②$$

したがって，①と②より，

$$3,840 + 220 = 4,060 \text{ （時間）}$$

以上より，社員全体の年間労働時間は 4,060（時間）

一方，パートの年間労働時間は次のようになる。

パート 1 の場合，$4 \times 180 + 60 = 780 \quad \cdots\cdots ③$

パート 2 の場合，$6 \times 160 + 60 = 1,020 \quad \cdots\cdots ④$

パート 3 の場合，$5 \times 200 + 80 = 1,080 \quad \cdots\cdots ⑤$

パート 4 の場合，$5 \times 140 + 80 = 780 \quad \cdots\cdots ⑥$

③＋④＋⑤＋⑥より，

$$780 + 1,020 + 1,080 + 780 = 3,660 \text{ （時間）}$$

以上より，パートタイマー全員の年間労働時間は 3,660（時間）

したがって，求めるものは，$\dfrac{3,660}{4,060 + 3,660} = \dfrac{3,660}{7,720}$

$$= 0.474$$

ただし書きより，パーセントは 1 ％未満を四捨五入することになっているので，47.4％は 47％となる。

第1章

第2章

第3章

第4章

第5章

模擬テスト

模擬テスト 2 (ストアオペレーション)

〈制限時間：18分〉
◆ストアオペレーション　　　　　　　　　　（各5点×20＝100点）

● 次の各問の〔　　〕の部分にあてはまる最も適当なものを選択肢か
ら選びなさい。

① 〔　　〕は，ステープル商品を対象として，ゴンドラにある在庫
ゼロ商品の原因追及と対策を立案し，再発を防止するために活用
する。
- 不要不振在庫商品一覧
- 死に筋チェックリスト
- 欠品報告レポート
- カテゴリー別ライフサイクル分析リスト

② 作業標準化の第3ステップでは「必要時間の設定」を行う。そこで，
具体的に必要労働時間を算出するときは，人時を用いて，それぞれの
作業の〔　　〕を設定する。
- PI値
- RE値
- POI値
- ROI値

③ 生産性を表す代表的な指標の1つに，労働分配率がある。労働
分配率とは，人件費の〔　　〕に占める割合のことである。
- 総売上高
- 純売上高
- 粗利益高
- 営業利益

④ 仕事の場面ごとに管理者として心がけるべきOJTのポイントが
ある。
「どのように，いつまでに，その仕事をやり遂げるのかをはっき
りと示す」のは，〔　　〕である。

- ◦ 仕事を指示するとき
- ◦ 相談を受けたとき
- ◦ 新しい仕事を割り当てるとき
- ◦ 仕事に取り組んでいるとき

⑤ ローコストオペレーションの本質は，計画的に売上高が伸びない状況にあっても，収益性を出しやすい企業体質の構築にある。具体的には，〔　　〕と損益分岐点を低く抑えた店舗経営である。
- ◦ 売上高販管費率　　　　◦ 人時売上高
- ◦ 売上高営業利益率　　　◦ 人時生産性

⑥ 「52週の人時計画の作成」は次の手順で行う。
Step 1　年間の売上高合計を100％として，週別の構成比を求める。
Step 2　この売上構成比に総人時を掛けて週別の人時を配分していく。
Step 3　総人時を52週で割って週の平均値を求め，この平均値で各週の人時を割って〔　　〕を求める。
- ◦ 週別実数　　　◦ 週別相関図表
- ◦ 週別指数　　　◦ 週別累積度数

⑦ 鮮魚の作業工程はタイプA〜タイプGの7つのタイプに大別される。〔　　〕とは，一般に丸物といわれる商品を，さらにうろこ取りや腹出しなどのトリミング処理をした商品である。
- ◦ タイプC　　　◦ タイプD
- ◦ タイプE　　　◦ タイプF

⑧ 翌日の土曜日の仕越し作業比率を40％とし，土曜日当日の作業が12人時であるとき，土曜日の作業は〔　　〕となる。
- ◦ 20人時　　　◦ 24人時
- ◦ 22人時　　　◦ 25人時

⑨　特売のプロセスは，前工程（本部業務）と後工程（店舗作業）に大別することができ，前工程と後工程の作業はそれぞれさらに細分化できる。

　　後工程は，プロセス1では「特売商品の受入」「特売前作業」「特売日」「特売後作業」に分けられ，プロセス2では「特売前作業」は，「値下伝票の作成」「特売商品の陳列」「特売商品の売価変更」「特売商品のPOP広告取付け」「特売商品の価格チェック」に分けられる。これら5つの作業のうち，固定作業は〔　　〕である。

　　◦　値下伝票の作成
　　◦　特売商品の陳列
　　◦　特売商品の売価変更
　　◦　特売商品のPOP広告取付け

⑩　チェーンストアの店舗では，「発注商品がいつ，どこから，どれくらい納品されるかの確認」「商品補充の指示」「進行状況のチェック」は〔　　〕が行う。

　　◦　管理者（店長）クラス　　　　◦　担当者
　　◦　主任・係長クラス　　　　　　◦　外部の専門家

●次の各問の〔　　〕の部分にあてはまる最も適当な語句・短文などを記入しなさい。

⑪　予算を目標値化する〔　　〕は，「店舗政策の共有化をはかること」「政策を実現するため，店舗内の役割分担を行う」「数値目標を達成するため，計画を立案し，実行する」「結果（実績）を確認，評価し，予算を達成するために従業員を動機づける」の4つの段階から成る。

```

```

⑫ S店の年間人時計画に関する与件は下の通りである。この計画が達成された場合，人時生産性は〔　　〕円／人時である。なお，小数点以下は四捨五入する。

　　　・売上高　　　　　　　　　：　800,000,000円
　　　・粗利益率　　　　　　　　：　50％
　　　・労働分配率　　　　　　　：　25％
　　　・パートタイマーの1人時単価　：　1,400円
　　　・パートタイマー比率　　　：　75％
　　　・正社員の1人時単位　　　：　3,800円
　　　・正社員比率　　　　　　　：　25％

⑬　作業分析レポートは，「店舗内データによる作業分析」と「他店との比較による作業分析」の2つから構成される。また，後者は，〔　　〕店舗別比較レポート，店舗別作業基準比較レポート，店舗別作業構成比較レポートの3つから構成される。

⑭　今日は 7 月 14 日（日）で，Y 商品の発注日である。7 月 14 日朝の Y 商品の在庫数量は 42 個で，最低陳列数量は調査の結果，23 個である。

　このとき，発注サイクルが 10 日間で，発注リードタイムが 4 日間の場合，7 月 14 日の発注数量は〔　　〕個となる。

　なお，7 月 14 日以降の Y 商品の売れ行き予測動向は下表の通りである。7 月 10 日〜13 日の間の販売数量は実績である。

表　Y 商品の曜日別の売れ行き予測動向

月　日	曜　日	販売数量	月　日	曜　日	販売数量
7／10	水	5	7／21	日	(7)
11	木	3	22	月	(6)
12	金	4	23	火	(2)
13	土	6	24	水	(5)
14	日	(6)	25	木	(4)
15	月	(5)	26	金	(7)
16	火	(3)	27	土	(7)
17	水	(4)	28	日	(8)
18	木	(3)	29	月	(6)
19	金	(6)	30	火	(4)
20	土	(8)	31	水	(3)

⑮　売場面積 1 坪当たりを維持するのに必要な基準人時が 280 人時で，売場面積が 650 坪であるとする。また，1 人時当たりの売上基準が 35,000 円で，年間売上高が 70 億円であるとする。

　このとき，必要人時は〔　　〕人時となる。

⑯　あるチェーンストアでは，店舗の年間売上データ（年末・クリスマスを除く）にもとづき，１日の客数について，曜日，祝日，天候，気温で〔　　〕による解析を行ったところ，80％台後半の高い決定係数を得ていることが判明した。

⑰　ハンバーガーショップなどで構築されているもので，過去の販売データから時間帯別の売れ数を予測し，予測された数量を前もって商品化し，顧客の注文に即座に対応するシステムを〔　　〕という。

⑱　〔　　〕は，ファッション商品，ステープル商品，生鮮食料品を対象として，カテゴリー別に販売動向を把握し，販売計画や売場ごとの拡縮計画を立案する際に活用する。

⑲　的確な発注を行うためには，次の４つのステップから成る作業フローを遵守しなければならない。

Step 1　〔　　〕の確認

Step 2　地域行事の確認

Step 3　売上予算（日割）の確認

Step 4　販売計画数の起案

第１章

第２章

第３章

第４章

第５章

模擬テスト

⑳ 下表は，作業分析レポートを構成するレポートの1つである，「店舗別作業基準レポート」である。

　下表の品出し数，品出し人時をもとに補充生産性，基準達成率を計算したとき，基準達成率が最も高い店舗の値は〔　　〕％である。パーセントは1％未満を四捨五入しなさい。

　また，下表に示されているように，全店共通の「基準」となる補充生産性は280である。

	品出し数	品出し人時	補充生産性	基準達成率
A 店舗	55,000（個）	200（人時）	（個／人時）	（％）
B 店舗	96,000	300		
C 店舗	126,000	400		
D 店舗	140,000	500		
基　準	————	————	280	————

模擬テスト2　正解＆解説

得点／100点

◆ストアオペレーション

①－欠品報告レポート

解説　問題文に「ゴンドラにある在庫ゼロ商品の原因追及」と書いてあるので，"欠品"が浮かんでくるはず。つまり，"わからない"と思っても，どこかに正解を見出せる糸口があるはず。

・不要不振在庫商品一覧……ファッション商品を対象として，週1日，曜日を決めて，カテゴリー単位で，廃棄すべき商品のチェックを行う。

・死に筋チェックリスト……カテゴリー別に設定された各種基準にしたがって，見切り処分をすることで，商品回転率の改善などを目指す。

・カテゴリー別ライフサイクル分析リスト……ファッション商品を対象として，カテゴリー別に売上高のピーク週などを把握することで，発注や売場の拡縮計画に活用する。

②－RE値

解説　ハンドブックは，RE値（Reasonable Expectancy）について，「"理由のある期待値""合理的期待値"の意味。個々の作業を平常な状態でマニュアルどおりに行うのに必要な時間のこと」と述べている。

③－粗利益高

解説　労働分配率の計算式は次の通りである。

$$労働分配率 = \frac{人件費}{粗利益高}$$

なお，粗利益高とは売上総利益のことであるので，

$$労働分配率 = \frac{人件費}{売上総利益}$$

④－仕事を指示するとき

解説　ハンドブックでは，8つの仕事の場面において，管理者として心がけるOJTのポイントが述べてある。ただ，試験によく取り上げられるのは，「新しい仕事を割り当てるとき」「仕事を指示するとき」「仕事に取り組んでいるとき」の3場面であるので，まずはこれらについて準備しておこう。

⑤ー売上高販管費率

解説　ハンドブックは，ローコストオペレーション（Low Cost Operation）について，「販売費及び一般管理費を意図的に引き下げることで，運営コストを徹底的に削減し生産性を高める仕組みを構築し，稼働させること」と述べている。

$$売上高販管費率 = \frac{販売費・一般管理費}{売上高}$$

また，本文で説明したように，

$$売上高営業利益率 = \frac{営業利益}{売上高} = \frac{売上総利益 - 販売費・一般管理費}{売上高}$$

$$= \frac{売上総利益}{売上高} - \frac{販売費・一般管理費}{売上高}$$

$$= 売上高総利益率 - 売上高販管費率$$

$$\therefore 売上高営業利益率 = 売上高総利益率 - 売上高販管費率$$

⑥ー週別指数

解説　週別指数が 105 以上を A ランク，95 〜 105 を B ランク，95 以下を C ランクとする。A ランクの週は売上高が多いので，多めの要員を配置する。反対に，C ランクの週は売上高が少ないので，少なめの要員を配置する。

⑦ータイプ C

解説　タイプ A は加工品である。タイプ B は丸物といわれるもの。タイプ D は切り身にした商品である。タイプ E はフィーレといわれるもの。タイプ F はブロックといわれるもの。タイプ G は刺し身である。

⑧ー 20 人時

解説　仕越し作業比率とは，翌日の何％の作業を仕越しとするかを表したものである。よって，土曜日の作業を x 人時とすると，次式が成立する。

$$x \times 0.4 + 12 = x$$

$$0.6x = 12 \qquad \therefore x = \frac{12}{0.6} = 20 （人時）$$

⑨－特売商品の売価変更

　解説　特売には，非常に多くの作業が必要とされる。ただ，店舗作業についてはその大部分が，特売商品が増えればそれに合わせて増加する変動作業である。つまり，店舗作業の場合，固定作業は「特売商品の売価変更」だけである。

　一方，本部業務の場合，固定作業は「特売テーマの設定」「特売期間の決定」「本部から仕入先への発注」の3つがある。

⑩－主任・係長クラス

　解説　本問は，チェーンストアの店舗における「商品入荷および商品補充（品出し）」に関するものである。

　管理者（店長）クラスに割り当てられる具体的な業務は，「重点商品の未納に対する対策と実施」「商品補充体制のチェックと指導など」である。

　また，担当者に割り当てられる具体的な業務は，「発注に対する納品内容のチェック」「未納商品の上司への報告」「商品の仕分けと運搬」などである。

⑪－実務プロセス

　解説　第1段階では，本部と店舗とのミーティングなどにより，店舗政策の共有化をはかる。これにより，予算を必ず達成しようというムードがつくられることになる。

⑫－8,000

　解説　$人時生産性 = \dfrac{粗利益高}{総人時}$

よって，粗利益高と総人時を求めなければならない。

・$粗利益率 = \dfrac{粗利益高}{売上高}$

　　$0.5 = \dfrac{粗利益高}{80,000}$　　$\therefore 粗利益高 = 80,000 \times 0.5$
　　　　　　　　　　　　　　　　　　　$= 40,000（万円）$

・$総人時 = \dfrac{総人件費}{店1人時単価}$

・総人件費＝粗利益高×労働分配率

$$= 40{,}000 \times 0.25$$

$$= 10{,}000 \ （万円）$$

・店1人時単価＝（パートタイマーの1人時単価×パートタイマー比率）

$$+（正社員の1人時単価×正社員比率）$$

$$=（1{,}400 \times 0.75）+（3{,}800 \times 0.25）$$

$$= 1{,}050 + 950$$

$$= 2{,}000 \ （円）$$

$$\therefore 総人時 = \frac{100{,}000{,}000}{2{,}000} = 50{,}000 \ （人時）$$

以上より，

$$人時生産性 = \frac{400{,}000{,}000}{50{,}000}$$

$$= 8{,}000 \ （円／人時）$$

⑬－MHC 進捗状況

解説 「他店との比較による作業分析」は，多店舗展開を行うチェーンストアなどにおいて，自店の作業状況を他店と比較することにより，自店の問題点を見つけ出すことを目的としている。

⑭－54

解説 発注数量を求める計算式は次の通りである。

発注数量＝「今日，発注した商品が入荷するまでに売れると予測した数量」＋「今日，発注した商品の入荷日から，次の入荷日までに売る計画数量」－「現在の在庫数量」＋「最低陳列数量」

$$=（6+5+3+4）+（3+6+8+7+6+2+5+4+7+7）$$

$$- 42 + 23$$

$$= 18 + 55 - 42 + 23$$

$$= 54$$

⑮ー 200,000

　解説　まず，固定人時を求める。1坪当たり必要人時が 280 人時で，売場面積が 650 坪であることから，

　　固定人時＝ 1坪当たり必要人時×売場面積

　　　　　　＝ 280 × 650

　　　　　　＝ 182,000（人時）

　次に，変動人時を求める。変動人時を求める計算式は，

　　変動人時＝年間売上高÷ 1人時当たりの売上基準

　　　　　　＝ 7,000,000,000 ÷ 35,000

　　　　　　＝ 200,000（人時）

　固定人時と変動人時を比較すると，

　　　　182,000 ＜ 200,000

　　∴必要人時＝ 200,000（人時）

⑯ー数量化理論 I 類

　解説　ハンドブックは，数量化理論 I 類について，「量的に計測された外的基準を定性的な要因にもとづいて説明，あるいは予測するための分析モデル。数値では表現しない事象を使用しての数値予測を行うことができる」と述べている。

⑰ーストック・トゥ・オーダーシステム

　解説　ハンドブックでは，ストック・トゥ・オーダーシステムに関連して，次のように記述している。

　「生鮮食料品の作業には，このシステムに似た仕組みとして"仕越し"がある。」「開店時に品ぞろえすべき商品を明確にし，その商品を開店時に 100%そろえることを目標にする。開店時 100%の品ぞろえを実現するため，仕越し作業が行われるようになった。」

⑱ーカテゴリー別・週別販売数量推移表（年間）

　解説　対象商品が"ファッション商品，ステープル商品，生鮮食料品"となっているので，これからすぐに資料が「カテゴリー別・週別販売数量推移表（年間)」であると判断しても OK。

⑲－サブカテゴリー・トレンド

解説 本文で述べたように，サブカテゴリーの販売トレンドは品目レベルに近づいた実績を読み取ることができるので，まずこれを確認しなければならない。

また，「販売計画数の起案」については，基本的には先週の実績をもとに起案する。販売促進を実施する場合は，必ず発注数量の修正を行う。

⑳－114

解説 補充生産性の計算式は次の通りである。

$$補充生産性 = \frac{品出し数}{品出し人時}$$

よって，A 店舗の補充生産性 $= \dfrac{55,000}{200} = 275$

したがって，各店舗の補充生産性は次のようになる。

B 店舗→ 320　　　C 店舗→ 315　　　D 店舗→ 280

次に，基準達成率の計算式は次の通りである。

$$基準達成率 = \frac{補充生産性}{基　準}$$

A ～ D 店舗のうち，補充生産性が最も高いのは B 店舗なので，

$$B 店舗の基準達成率 = \frac{320}{280}$$

　　よって，114.2%

ただし書きにより，1 ％未満を四捨五入すると，

　　　B 店舗の基準達成率は 114％となる。

スイスイうかる 販売士(リテールマーケティング)1級 問題集 part3

2023年6月1日　初版　第1刷発行

編　　　集	TAC販売士研究会	
著　　　者	中　谷　安　伸	
発　行　者	多　田　敏　男	
発　行　所	TAC株式会社　出版事業部	
	（TAC出版）	

〒101-8383
東京都千代田区神田三崎町 3-2-18
電 話 03（5276）9492（営業）
FAX 03（5276）9674
https://shuppan.tac-school.co.jp

組　　　版	有限会社 文　字　屋	
印　　　刷	日 新 印 刷 株式会社	
製　　　本	株式会社 常 川 製 本	

© TAC 2023　　Printed in Japan

ISBN 978-4-8132-9962-2
N.D.C. 338

乱丁・落丁による交換、および正誤のお問合せ対応は、該当書籍の改訂版刊行月末日までといたします。なお、交換につきましては、書籍の在庫状況等により、お受けできない場合もございます。
また、各種本試験の実施の延期、中止を理由とした本書の返品はお受けいたしません。返金もいたしかねますので、あらかじめご了承くださいますようお願い申し上げます。

TAC出版 書籍のご案内

TAC出版では、資格の学校TAC各講座の定評ある執筆陣による資格試験の参考書をはじめ、資格取得者の開業法や仕事術、実務書、ビジネス書、一般書などを発行しています！

TAC出版の書籍
*一部書籍は、早稲田経営出版のブランドにて刊行しております。

資格・検定試験の受験対策書籍

- ❂日商簿記検定
- ❂建設業経理士
- ❂全経簿記上級
- ❂税　理　士
- ❂公認会計士
- ❂社会保険労務士
- ❂中小企業診断士
- ❂証券アナリスト

- ❂ファイナンシャルプランナー(FP)
- ❂証券外務員
- ❂貸金業務取扱主任者
- ❂不動産鑑定士
- ❂宅地建物取引士
- ❂賃貸不動産経営管理士
- ❂マンション管理士
- ❂管理業務主任者

- ❂司法書士
- ❂行政書士
- ❂司法試験
- ❂弁理士
- ❂公務員試験(大卒程度・高卒者)
- ❂情報処理試験
- ❂介護福祉士
- ❂ケアマネジャー
- ❂社会福祉士　ほか

実務書・ビジネス書

- ❂会計実務、税法、税務、経理
- ❂総務、労務、人事
- ❂ビジネススキル、マナー、就職、自己啓発
- ❂資格取得者の開業法、仕事術、営業術
- ❂翻訳ビジネス書

一般書・エンタメ書

- ❂ファッション
- ❂エッセイ、レシピ
- ❂スポーツ
- ❂旅行ガイド (おとな旅プレミアム/ハルカナ)
- ❂翻訳小説

書籍の正誤に関するご確認とお問合せについて

書籍の記載内容に誤りではないかと思われる箇所がございましたら、以下の手順にてご確認とお問合せをしてくださいますよう、お願い申し上げます。

なお、正誤のお問合せ以外の**書籍内容に関する解説および受験指導などは、一切行っておりません。**
そのようなお問合せにつきましては、お答えいたしかねますので、あらかじめご了承ください。

1 「Cyber Book Store」にて正誤表を確認する

TAC出版書籍販売サイト「Cyber Book Store」の
トップページ内「正誤表」コーナーにて、正誤表をご確認ください。

CYBER TAC出版書籍販売サイト
BOOK STORE

URL：https://bookstore.tac-school.co.jp/

2 1の正誤表がない、あるいは正誤表に該当箇所の記載がない ⇒ 下記①、②のどちらかの方法で文書にて問合せをする

★ご注意ください★

お電話でのお問合せは、お受けいたしません。
①、②のどちらの方法でも、お問合せの際には、「お名前」とともに、
「対象の書籍名（○級・第○回対策も含む）およびその版数（第○版・○○年度版など）」
「お問合せ該当箇所の頁数と行数」
「誤りと思われる記載」
「正しいとお考えになる記載とその根拠」
を明記してください。
なお、回答までに1週間前後を要する場合もございます。あらかじめご了承ください。

① ウェブページ「Cyber Book Store」内の「お問合せフォーム」より問合せをする

【お問合せフォームアドレス】

https://bookstore.tac-school.co.jp/inquiry/

② メールにより問合せをする

【メール宛先　TAC出版】

syuppan-h@tac-school.co.jp

※土日祝日はお問合せ対応をおこなっておりません。
※正誤のお問合せ対応は、該当書籍の改訂版刊行月末日までといたします。

乱丁・落丁による交換は、該当書籍の改訂版刊行月末日までといたします。なお、書籍の在庫状況等により、お受けできない場合もございます。
また、各種本試験の実施の延期、中止を理由とした本書の返品はお受けいたしません。返金もいたしかねますので、あらかじめご了承くださいますようお願い申し上げます。

（2022年7月現在）